U0107281

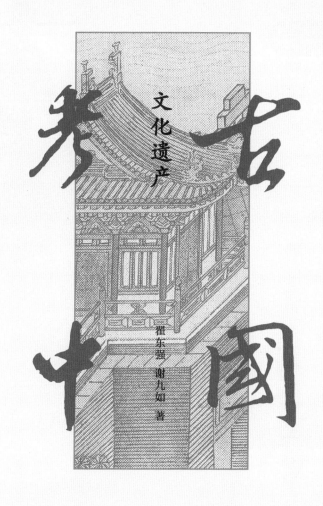

文化遗产

考古中国

翟东强　谢九如　著

中国工人出版社

目　录

第七章

第八章

第九章

第十章

第十一章

第一章
南少林之谜

湮灭于历史中的南少林

隋末十三棍僧勇救唐王的故事，为河南嵩山少林寺以禅宗和绝世武功博得了天下第一名刹的美名。此后，嵩山少林寺曾派僧人南下福建兴建少林分寺，南北少林遥相呼应。

据传说，福建少林寺规模宏大、僧人众多，与祖庭嵩山少林寺一样禅武同修。而在练武的过程中，福建少林寺僧人更是将南方拳术的特点糅合进北少林功夫之中，创建了蜚声海内外的南少林拳。由此，南北两少林并驾齐驱，驰骋在中国的佛教界和武术界，世称南少林和北少林。

一千多年过去了，河南北少林历尽沧桑依旧屹立在嵩山之麓，香火旺盛，而福建南少林却早已在史海中销声匿迹。那么南少林到底去了哪里呢？

在北京的清宫档案库里，研究者看到一份有关于南少林消失的档案。

嘉庆十六年，清廷在广西东兰州姚大羔家查获了一部天地会《会簿》，《会簿》中记录了有关天地会创立的一段悲壮历史——西鲁故事。

康熙十三年，西鲁国犯境，官兵无力抵挡，朝廷于是张贴皇榜招募天下勇士，许诺退兵者封侯赐爵。南少林寺僧人自愿揭榜请缨，上阵杀敌卫国，然而不料在得胜回朝后，却被康熙皇帝屠戮。朝廷火烧少林寺，屠杀南少林僧人，侥幸逃脱的五个僧人歃血盟誓反清复明，组织天地会，为死难者报仇。

这段记录演绎的成分颇多，但可以从中看到天地会反清复明的宗旨。天地会又名三点会、哥老会、小刀会等，其内部统称洪门，是一个由平民组成的、反对清王朝统治的民间反抗组织。在清朝276年的统治期间，天地会一刻也未停止与清王朝的斗争，太平天国起义、辛亥革命都与天地会有着千丝万缕的联系。

那么，天地会是否真由南少林僧人创立？南少林又是否真是被"英明神武"

的康熙大帝焚毁的呢？遗憾的是，天地会的《会簿》中并未记载南少林寺的所在地，让研究者失去了实地考证的机会。

但南少林毕竟是一个经典的文化符号，尤其是 20 世纪 80 年代以来，传奇武侠作品的流行，让很多人都知道福建莆田有座少林寺。是否去莆田就能找到南少林寺呢？当时的学者产生了这样的疑惑，并纷纷投入了实地考察当中。

1986 年 8 月，莆田县（今莆田市）文物普查队来到西天尾镇林山村进行文物普查。在村口，一口置于露天的石槽引起了队员的注意。

队员仔细观察石槽，发现上面有一些字迹，虽然岁月的打磨让字迹有些模糊，但依稀还是能够辨认。经严密考证，这口石槽造自北宋中期，而石槽上的字迹中则有"僧兵"两个字。

这两个字让队员不禁产生疑惑——僧人是不参与凡尘世事的，更是不准杀生的，而士兵则是要大开杀戒的，那么僧人和士兵这两种身份放在一起又意味着什么呢？

此后，在村中碾米厂阴暗的角落里，普查队又发现了另一口北宋石槽，上面则刻着"诸罗汉浴煎茶散"字样。在古代，中国佛教界常把有道僧人喻为罗汉，因此从石刻文字的表面意思，队员猜测这口北宋石槽极有可能是寺院僧人用来治疗疾病的一种工具。

这口石槽和刻有"僧兵"字样的另一口石槽之间有着什么样的关系呢？带着这样的疑惑，文物普查队走访了村中的老者。

村中的老人告诉普查队，石槽很早以前就在村里了，但是谁也不知道这些石槽的来历。而且在新中国成立初期，村里共有 36 口石槽，只不过后来大部分被移作他用，目前能够找到的就只有这几口。

文物普查队在林山村发现石槽的消息很快传开了，一些专家学者也加入了相关研究的行列。其中，莆田县文联的杨祖煌在一次专家论证会上提出一个观点：僧兵是北少林在经历了十三僧救唐王之后，获得朝廷批准组织寺院武装的"特权"，这个"特权"也随同南少林的建设而被移植给了南少林，因此南少林很可能就在莆田。同时，也有专家推断第二口刻有"诸罗汉浴煎茶散"的北宋石槽是专供练武的僧人疗伤所用。

福建泉州少林寺内景

泉州是南少林武术的发祥地，武术活动历史悠久，以南少林武术为代表的武术文化是泉州文化积淀的重要组成部分。

然而，仅凭几口北宋石槽，是无法证明那座消失了几百年的南少林就在林山村的。正当各路专家为论证南少林的证据过少而苦恼时，一位村干部突然想起一件事，那就是在村委会后的枇杷林中有个寺院的遗址，遗址上有练功场、钟鼓楼、梅花桩的痕迹，村里上了年纪的老人称它为林泉院。

专家们于是做出一个大胆的假设，石槽或许出自林泉院，而林泉院很可能就是传说中的南少林。这个假设让人兴奋，然而首先要做的，就是证明这里真的存在过林泉院。

1990年12月1日，福建省考古队进入林山村林泉院遗址开始第一期发掘工程。五个月的时间匆匆而过，考古队员在这片枇杷林下挖出了大量古代陶器和瓷器，大部分器物底部的墨迹已经模糊难认，只有几件依稀写有"林泉""泉山"等字样。显而易见，这些器物不足以作为林泉院存在的直接证据。

然而这一天，考古队长林公务正在收拾着出土器物时，突然听见考古工地的工人们叫喊了起来，原来工人们发现了一块字迹清晰的石碑。石碑上的字迹清晰可辨，写的是"真觉大师难提之塔，林泉院天祐"这几个字。

石碑被发现，至少说明了两件事：一是寺院名称叫林泉院这是毫无疑问的；二是这块石碑竖立于天祐年间。天祐是唐昭宗的年号，这个年号证明了考古挖掘的地层的确是属于唐朝末期的，那也就说明了，林泉院最晚在唐朝末年就已经存在了。

这个发现和林公务随后的考古报告，显示了林泉院遗址始于北宋之前毁于清初，这与传说中的南少林始于唐毁于清的年代大致相同，那么林泉院究竟是不是南少林呢？

在当地，专家们翻阅了大量文献资料，但没有找到林泉院与少林寺相关的记载。此时，有人另辟蹊径提出一个观点，如果说南少林是北少林的分寺，那么河南的北少林中是否会有关于南少林遗址的记载呢？

1990年4月3日，几位专家前往河南，在北少林中拜访了方丈德禅大师。德禅大师听了几位专家的来意后，当即找来寺中高僧一起座谈。高僧们告诉专家，少林寺的碑林、碑廊确有很多历史记录，但如果想从碑林、碑廊中找到有关南少林的文字恐怕很难。原因是，清朝时康熙皇帝因害怕北少林参与反清复明活动，在血腥镇压南少林的同时，也对北少林发出了解散僧兵、不准练武、不准同南少林有任何来往的敕令，并且把有关南少林的碑碣全部毁掉了。事情到此，似乎陷入了僵局之中。

关于南少林到底在不在莆田这个问题，其实学界争论已久。20世纪40年代初，著名武术历史考古学家唐豪就曾派学生徐树桩前往莆田调查南少林遗址问题，徐树桩本是莆田本土人，但在回乡调查中却没有发现南少林遗址的任何信息，于是唐豪便发表文章做出"查无此一少林寺可见其伪"的结论。

以唐豪的学术地位，他对南少林的结论影响极大，因此多数人也接受了莆田并没有少林寺的论调，就连我国台湾地区编订的《体育大辞典》也一口论定"一般传说所谓福建亦有少林寺只是误传，实则查无此事"。

然而，对于这种草率的结论，有的专家是不服气的。莆田专家方金辉曾撰文反驳说：

> "作为当时一个练武的学生，一个暑假回来，到处问问，打听几下，于是便得到了没有的结论，而唐豪先生也不实地考察，就凭学生的一句'没有'，便得出了'查无此一少林可见其伪'的结论，我当然是有一些想法。我们很尊重唐豪先生他对中国体育史的贡献对中国武术史做出的贡献。但这个问题他是不那么全面、不那么慎重，结论下得太草率一点。"

现在，摆在世人面前的证据是，林山村中确实存在过一座规模宏大的武僧寺院——林泉院，而也有传说南少林存在于莆田。那么，得出林泉院就是传说中的南少林的论断，对于有些专家来说也就是顺理成章的事情了。

然而，正当莆田人庆祝封尘了200多年的谜底终于彻底揭开时，福建的另一座城市——泉州传来了反驳声音。

泉州知名史学家陈泗东反驳了有关莆田僧兵的说法。陈泗东认为，在古代，僧人组成的军队皆称僧兵，而僧兵也不只少林寺独有。元朝《梦观集》曾出现过泉州僧兵的记载，明朝顾炎武的《日知录》中就记载除少林寺有僧兵之外，许多地方也出现过僧兵。因此僧兵不能成为林泉院就是少林寺的佐证，况且据嵩山少林寺碑文记载，十三棍僧救唐王之后，唐太宗只封给这些僧人官职并赐以田地，颁布圣旨加以表扬，并没有特别允许少林寺组织僧兵并给予朝廷军户的编制。

厦门大学中文系周焜民先生也提出了不同的观点，对古文字语法颇有研究的他，在观看了石槽文字拓片之后，认为拓片文字不符合古代汉语的语言规范，"僧兵"的"兵"字其实应是"其"字，因为字迹模糊，被误认为了"兵"字。

关于僧兵的伪证之说，引起了海内外专家对莆田少林寺的关注，此时泉州几位专家发布联合声明，真正的南少林寺不在莆田而在泉州。

声明中的一个重要证据是，20 世纪 80 年代初一本明朝手抄本《清源金氏族谱》的附录《丽史》有一段这样的记载：

明朝时，泉州书生伊楚玉曾在一寺院读书，经常从一富翁凌氏的门前经过，后与凌氏的女儿相遇并产生爱慕之情，而伊楚玉读书所在的寺院正是泉州少林寺。

要知道，这部《丽史》所记录的并不是这个爱情故事，而是一个家族（金氏）在泉州的变迁，因此完全没有必要在少林寺的问题上作伪。

而泉州民间也一直流传着一个故事：泉州在唐朝年间就存在一座少林寺，少林寺的僧人个个武功高强，历代以来一直匡扶正义、爱国爱民，最后团结起来反抗清朝压迫，终让寺庙遭到焚毁。这个故事为民间口口相传，但却没有遗留关于泉州少林寺遗址的信息。不过，泉州民间却私下议论着清咸丰丙辰年间，东禅寺住持幻空曾手书一块少林古迹山门匾额。那么东禅寺会不会就是《丽史》中所记载的书生伊楚玉读书的那座少林寺呢？

莆田林泉院的僧兵石槽已被有关专家否定，而泉州的东禅少林寺似乎充满着神话的色彩。然而，究竟谁能揭开这神秘的南少林之谜呢？

南少林遗址之争

东禅寺始建于唐朝乾符年间，位于泉州东门外的凤山山麓，清朝乾隆时期《泉州府志》记载：镇国东禅寺广明年赐今名，宋德祐和元至正两次遭火后复建，明宣德十年重建后废。

从这段文字能看出，东禅寺始建和废弃的年代与传说中的南少林大致相符，更重要的是，据传这里曾存在过一块清朝年间的"少林古迹"匾额。然而令人不解的是，当地人为什么不直接称呼东禅寺为少林寺呢？

对于这个疑惑，有学者认为泉州寺庙在民间始终有一个特点——双名并称。如开元寺又被叫作紫云寺，承天寺又被叫作月台寺，所以东禅寺很可能就是少林寺在民间的另一个称谓。

不过也有人提出疑问，佐证东禅寺是南少林所依据的是《丽史》中的一个爱情小说，将小说作为考证古迹的证据，多少会让人觉得经不起推敲。

正在研究者陈泗东为《丽史》的证据不足而苦恼时，他忽然接到了泉州华侨大学林少川打来的电话。林少川告诉陈泗东，自己在进行族谱研究时，无意中发现当地一个蔡氏家族世代流传的一本手抄本《西山杂志》中，有对泉州少林寺的描写。

原来，这本《西山杂志》属于晋江东石人蔡春草。在这本书的一开始，记载了蔡春草的七世祖伯曾随郑氏抗清，后遭到清朝政治迫害，以至于祸及蔡氏家族的故事。因为受到迫害，这一脉蔡氏子孙无法参加科举，便有了一位名为蔡永蒹的先辈转而出海行商，遭遇海难后流落到异乡设塾授徒，在一位吴氏家中偶然接触到一批珍贵的书籍，后来蔡永蒹根据这些资料撰写了《西山杂志》。

既然《西山杂志》能证明泉州东禅寺就是南少林，陈泗东于是决定前往晋江寻访这本书。最终在几次往返之后，陈泗东得到了这部《西山杂志》。

在《西山杂志》中，赫然记载着嵩山少林寺十三棍僧救唐王的故事，而后又派十三棍僧之一的智空前来福建兴建分寺，而这座分寺就坐落在清源山麓。远近闻名的清源山就坐落在泉州北郊，而东禅寺正好也坐落在清源山，那么具有少林古迹之称的东禅寺，应该就是《西山杂志》中的泉州少林寺了吧？

此时，陈泗东又想到泉州民间流传的一个故事——泉州的清源山上有一块巨大的石头，人称"练胆石"，石头上刻着俞大猷的亲笔书法"君恩山重"。相传抗倭名将俞大猷小时候每天都到这块练胆石上练功，并因此得到一位名师的真传，学会了少林武术。

少林武术壁画
少林是中华武术中体系最庞大的门派，武功套路高达七百种以上。

俞大猷曾在自己所著的《正气堂集》也记载：嘉靖辛巳年，大猷途经嵩山少林寺，在观看了上千位以精通剑术知名的武僧表演后，认为少林寺虽以剑技名天下，但真诀皆已经失传，后俞大猷应方丈的邀请回传少林寺棍法给北少林。

这样联系起来，俞大猷小时候在清源山上所学的武术很可能就是少林武功，并且泉州少林寺也很可能就在清源山上。因此陈泗东依此断定，泉州少林寺就是传说中的南少林。

然而，不同意见也随之而来。

同样研究了《西山杂志》的研究者发现，这本书中记载的隋末少林寺长老济慈和十三棍僧的名字，与北少林寺有关碑记并不相符，书中所写十三棍僧死于兵祸者七人，然而在其他正史上并无这样的记载。另外书中描绘说南少林"十三进、周墙三丈"，然而考察历代中国佛教寺院，规模大者一般不超过五进，特殊情况的有六进，但绝不会有十三进的寺庙。所谓周墙三丈指的是自然寺庙围墙的高度，然而历代泉州城墙最高的也不过只达二丈六尺……

看来，泉州东禅寺是否就是南少林，专家们仍然无法得到定论。而正当专家们为南少林到底在泉州还是莆田争论不休时，《福建侨报》发表了一篇署名刘福铸的文章，又引出少林寺遗址的第三个争论——福清少林寺。

文章说，据近代武术著作《少林拳秘诀》记载，国内有中州和闽中两个少林寺，中州是河南古称，因此前者自然是指嵩山少林寺，而闽中则是福建的中部。而在福建地图上，莆田和福清都属于闽中。与此同时，史籍中也记载了大量关于福清少林院的文字。宋朝方志《三山志》中，福清寺观一则中有新宁里少林院的记载；清朝乾隆年间的《钦定四库全书》中同样记载了新宁里少林院。由此可见，从宋朝到清朝的几百年中，福清新宁里一直都存在着一座少林院。那么，这座少林院是否就是少林寺呢？史籍中记载的新宁里少林院又在哪里呢？

研究者在现代的地图上没有发现新宁里的标志，但在一张民国二十年版的《福清县全图》中，却找到了新宁里的标志，并在新宁里西北部位置上找到了少林字样。而后，研究者又在乾隆年间的《福清县志》中确认新宁里所在的确切方位——今天福清西南方向，大约在福清金王南山东张镇一带。

于是，研究者陈华光等人便赶往东张镇调查，在东张镇党委书记陈立齐的指引下，研究者们来到了一个叫作"少林村"的地方，在这里大家惊讶地发现，不仅村名叫作少林，这里还有以少林为名的"少林桥""少林溪""少林路"等多个地方，而更关键的是，大家找到了一个破败的寺庙，在当地人的口中这个寺庙就是"少林寺"。

然而，当走进这座倒塌的破庙，研究者们却没有发现任何带有"少林"两个字的古迹。调查难道到这里就戛然而止了？

此时，专家们无意中遇到了村小学的校长，并从他口中得知附近一座石板桥上有许多古代刻字，其中似乎写有"少林"的字样。于是专家们迫不及待地赶到小学校长所指之处，果然看到石板桥上镌刻有"少林院"等汉字。

紧接着，专家们又在村西口发现了一口大石盂，上面同样刻有少林当山僧的铭文谜底。当这些证据摆在面前，似乎瞬间就揭开了南少林之谜，以至于专家们有点不敢相信，南少林遗址之谜就这样轻易地被自己破解了。

南少林与天地会

福清少林寺无疑就是传说中的南少林，专家们感到万分欣喜，他们以为自己找到了那座神秘的南少林遗址。然而故事并未结束，一篇题为《少林学者说南少林》的文章又对福清少林院提出了质疑。

杭州的一位大学教授周伟良认为，在福清并没有发现武术爱好者遍布民间的现象，同时也没有材料证明福清少林寺与武学有很大关系。周教授还认为，明朝弘治年间的《福州府志》并没有福清少林院的记载，因此可以证明福清少林院是在明朝前期就消失了的，而在历史上，南少林又与天地会密不可分，然而天地会是清初或明末才出现的，因此福清少林院和少林寺以及天地会是没有关系的。

总结来说就是，现有的证据不足以证明福清少林院就是闽中少林。南少林是以少林武功为核心内涵，这也是南北少林与其他禅宗寺院的根本区别。而福清这座少林院里究竟体现了多少南少林的内涵呢？有寺无拳自然也不成南少林寺。

面对福清没有习武之风的质疑，福清研究者开始进行田野调查，调查发现原来福清并非没有习武之风，只是由于旧社会的习武人为了生计往往会沦为恶势力的打手，因此新中国成立后福清人便不再以武功高强为荣耀，乡村之间的习武之风也就衰落了。

然而有老拳师张本利这样的代表人物，依然可以作为福清武术之乡的明证。张本利生于1909年，他7岁习武，相传他的师父傅昇华就是南少林高僧林如的嫡传弟子。那么假如福清拥有一个既有寺又有拳的少林院，是不是就意味着这里就是传说中的南少林呢？

与此同时，研究者罗炤又产生了这样的想法——南少林必定和天地会有关系，那么找到天地会在福清的证据，不就可以证明南少林在福清了吗？

南少林是因为天地会的传播才广为人知的。在这一段的历史演义中有这样一个版本：康熙皇帝过河拆桥火烧南少林，南少林五位幸存的僧人逃到海边，在绝望之际发现海浪冲来了一只香炉，香炉里埋着一张写有"反清复明"的纸条，五位僧人认为这是佛祖对他们的提示，于是继续向南逃去。当他们逃到长林寺借宿，寺庙的住持达宗和尚见到他们脸上流露悲戚愤恨的神色，便问起原因，五人于是向达宗倾诉了事件的缘由。事后，五人与达宗结拜，六位僧人在高溪庙歃血盟誓反清复明，从而创建了天地会。

研究者罗炤在这个版本的基础上，又翻阅了其他几个不同版本的会簿传说，发现几乎所有的会簿传说都记述少林寺被火烧以后，幸免于难的僧人向南逃去，有几本会簿还明确记载他们来到云霄地面。罗炤于是一路颠簸来到了漳江岸边的闽南小城云霄，在当地专家的帮助下，罗炤很快找到了演义中的高溪庙。

高溪庙是祭祀开漳圣王陈元光的庙宇，位于云霄县城东漳江北岸，在演义中，这里是南少林僧人结盟起义的地点。在当地，罗炤又找到了另一个与演义密切相关的地点观音亭，它就在高溪庙的不远处。

历史记载，乾隆五十一年台湾发生了反清的林爽文大起义，起义军几乎占领了全台湾，乾隆皇帝派出精兵强将，花费了巨大的人力物力才把起义镇压下

清　杨大章等　平定台湾得胜图

描绘了清乾隆五十一年至五十三年（1786—1788）平定台湾战役的战争场面。此图为生擒逆首林爽文的场面，属于清代铜版画战图。

大里灰摧殿
巢穴頻鏟馳
諭戒逍迅接
降輯眾日無
暇執評指當
生擒盡美善
井有傝宄得
不教餘孽似
根苗移師南
指如破竹待
捷音惟暮與

奏生擒逆
首林爽文
信玉詩以
誌事
戊申仲春
御筆

清　佚名　抓获叛军首领林爽文图

林爽文于 1784 年加入天地会，之后成为彰化天地会首领，1786 年林爽文发动反清起义，1788 年失败被捕，
于北京遭清政府审讯判决凌迟处死。

大里灰攜破
巢穴頻繁馳
偷戒迷遠捷
降輯衆日參
眠執紀招番
并有條究得
生擒夹美善
不教餘尊伏
根苗移師南
指如破竹待
捷音惟蓦興
月

去。而在民间演义中，清朝政府事后发现林爽文起义竟和天地会有关，而观音亭就是此次爆发起义的策源地。

更为奇妙的是，研究者在云霄仙峰岩的山洞中发现了骨灰罐，骨灰罐的罐顶为狮子形，这与天地会会簿中描写的一模一样，这样看来，流传于民间的天地会会簿中的记载大部分是真实的。

此时，罗炤又注意到另一个问题，民间的会簿上几乎都会画有一个碑，碑文是"达宗和尚之墓"，旁边是一副对联"受之长林寺，开山第一支"。罗炤据此推断，长林寺在天地会的历史上很可能是一个特别的寺庙，而长林寺的"长"字跟少林寺的"少"字又恰恰形成了一个"长与少"的关系，那么这二者之间是不是有暗示的成分呢？

与此同时，在一次泉州召开的南少林研究会上，罗炤注意到漳州曾五岳先生的一篇文章中，提到在诏安县二都统二图（简称二都）地区有一个长林村。而诏安县正好和云霄县是邻县。

几个月后，罗炤辗转来到了诏安县，却发现很多当地人都不知道诏安县有个二都，更不知道这里有个长林寺。原来，在历史上二都属于化外之地，县志没有对二都的记载，因此也就找不到长林寺了。

但罗炤不死心，他在县文化局找到几幅县域地图，从历史上归属于二都的范围内仔细寻找，突然在一幅地图上找到了长林的标志，那个标志位于诏安县的东北角紧靠着云霄县的小弯处。这里所在的官陂镇地处诏安县、平和县和云霄县的交界处，是福建和广东两省的接合部，又在万山深处，因此非常隐蔽，确实是进行反清斗争的好地点。

不过，当罗炤到达现场后，他发现长林寺早已被拆毁，只是在遗址处横卧着一块石碑，碑上刻着《长林寺记》，《长林寺记》中说长林寺是顺治十年由和尚道宗创建的。

天地会的会簿，记载了少林五祖和长林寺的住持达宗创建了天地会。那么，碑文上的道宗和会簿里的达宗会不会是同一个人呢？就在罗炤沉思之际，村民们又提供了一个重要的历史文物——当地水电站挡水用的木牌匾上赫然写着"化莲堂"三个大字，牌匾的年份是"永历五年"，署名是"长林寺开山僧道宗卢若骥"。

福建文人卢若腾曾写过一册《赠达宗上人》，而长林寺化莲堂匾额上署名的卢若骥正是卢若腾的族弟，这便可从间接上证实了达宗即是道宗。

而更令罗炤兴奋的是，长林寺的残碑上还镌刻着郑成功和十二位大将的名讳。这位神秘的长林寺开山僧道宗又与郑氏集团有着什么样非同寻常的关系，致使郑氏集团的所有高级将领接连两次捐银给道宗兴建寺院呢？

然而令人没想到的是，当罗炤来到漳州市东山县铜陵镇寻找线索的时候，却又意外从一位僧人口中得到了关于南少林与天地会的另一个真相。

这位僧人是东明寺的住持释道裕法师，面对罗炤，释道裕法师一语惊人——清源九座寺才是真正的南少林，九座寺到东山建立了分寺古来寺，古来寺在康熙时诞生了反清复明的香花僧。

释道裕法师所提到的九座寺、古来寺、香花僧等名称是罗炤从未听说过的，他甚至怀疑这一切都是杜撰的。然而当释道裕法师做出天地会秘密联络的暗号手势，罗炤便开始相信释道裕法师了。

难道，几年来困扰众多研究者，引发巨大争议的福建南少林之谜，就这样被这位年轻法师轻而易举地解开了吗？

释道裕法师解释说，他有一本名为《古来寺赞集》的手抄本，这本书的拥有者是个叫巩青的老香花僧。释道裕法师与巩青是师兄弟关系，但他却并非香花僧。依照祖训，香花僧对于自己的过往向来讳莫如深，因此释道裕法师虽然知道师兄是香花僧却无从证实，这一次，是他多方劝说才让师兄拿出了证明香花僧历史的《古来寺赞集》复印件。

《古来寺赞集》记载了古来寺的历史——明成化三年，兴化清源九座寺的僧人明雪熙贤南下东山铜陵镇，挂单在苦菜寺讲经弘法，康熙三年清朝下令迁界禁海，苦菜寺因此被烧毁，康熙十九年苦菜寺复兴，但却改名为古来寺。

古来寺有一种神秘的僧人名为香花僧，香花僧侍奉佛祖，但却有不同于正统的佛教僧人的地方。香花僧可以娶妻生子，可以杀生吃荤，佛事活动可在寺庙也可居家进行，与此同时，香花僧做佛事时还常会表演一些难度极高的武术技术，如穿五方飞饶等，而长林寺的开山僧人道宗就是香花僧。

明末崇祯七年，当时还未出家的道宗名为张木，他是漳州平和县人。一开始他在寺中做杂工，后来生出了出家的念头，刚好寺中有一位瘸脚师父，这位师父虽然有残疾，但武功却非常高强，道宗于是拜他为师。

后来道宗创建了天地会，由于这个缘故，古来寺的香花僧逐渐成为天地会对外的身份。在《古来寺赞集》中记载，香花僧的戒律跟少林大同小异，但是又改动了三条特殊的戒律：第一要对香花僧的秘密守口如瓶，第二要保持家庭和睦，第三所有香花僧的同门师兄弟都是兄弟手足。这三条戒律，已经说明香花僧确实是具有帮会性质的组织。

与此同时，研究者们还在漳州市东山县发现了一块明末石碑，碑上刻有"南少林时空和尚"的铭文，专家们推断，这位南少林时空和尚可能就是道宗当年所拜的瘸脚师父。

然而，罗炤看到的毕竟还是《古来寺赞集》的复印件，没有原件在手，还是让罗炤不敢轻易下结论，因此，罗炤迫切想找到《古来寺赞集》的原件。

南少林真相

当罗炤向释道裕法师提出要看《古来寺赞集》原件时，却得到了原件丢失的答复。一个丢失了原件的复印件，如何判断其真伪呢？正在罗炤一筹莫展之际，释道裕法师向他推荐了一位朴实的渔民周炳辉，在他的手中，有一本和《古来寺赞集》类似的《香花僧秘典》。

周炳辉的《香花僧秘典》是祖传的，一向秘不示人，然而在几番劝说之下，深明大义的周炳辉还是将《香花僧秘典》的原件提供给了罗炤等人。

《香花僧秘典》记载，古来寺源自兴化清源九座寺，九座寺始建于唐懿宗咸通年间，是正觉禅师倡建，"凡寺舍九座相连，故称九座寺，寺僧五百余众，有南少林之誉……"迄今为止，这是唯一一本明确记载了南少林的古籍。

《香花僧秘典》记载九座寺位于兴化清源，那么兴化清源究竟在哪里呢？

《莆田县志》记载，明朝正统十三年撤兴化县入莆田县，在今天的莆田市仙游县凤山乡确实有一座九座寺。此寺又名太平禅院，原是九座寺院相连，故又称九座寺，如今原址只留下一座寺，专家称寺院建筑风格颇有唐朝建筑特点，而原址上依然保存着一块题为《仙游九座寺山田记》的方碑，碑上记载九座寺建于唐咸通六年，为正觉禅师所建……方碑的记载无疑与《香花僧秘典》相同。

《香花僧秘典》中说，古来寺僧人传言祖庭九座寺旁有座无尘塔，无尘塔要是倒了，南少林也就没有了，因为无尘塔中埋葬的不是别人，正是九座寺的开山僧正觉禅师。光启二年，正觉禅师圆寂后共获舍利子四千粒，葬于塔内后，宋朝大学士蔡襄因此为塔题名为无尘塔。

然而九座寺为何被称为南少林，它与北少林究竟有着什么样的关系？这又成了困扰罗焰的难题。

此时，仙游县一位叫林振宁的中年人为他解开了谜题。林振宁是个下乡的知青，几十年来研究九座寺，因此对其历史了如指掌。

林振宁收藏的古书中记载了九座寺的历史，其中说到"正觉禅师前往蒿山受戒"。中国历史上从不曾有"蒿山"这个地名，而另有记载智广上人曾从福州到湖北，然后又到嵩山少林寺受戒。智广上人正是正觉禅师的尊称，而所谓蒿山少林寺毫无疑问就是嵩山少林寺，只不过年深日久，后人在传抄古籍的时候把"嵩"字抄成了"蒿"字。

少林寺自北魏时期一直到北宋都是受戒的一个重要场所，所以智广采药专门要到那里受戒，这样一来，仙游九座寺和嵩山少林寺就联系在一起了。

那么，仙游九座寺为什么湮灭在了历史记载中，火烧少林寺的传闻又是怎么回事儿呢？在林振宁提供的古籍中还有一段记载：九座寺于明朝嘉靖时期被倭贼火焚。明朝时期福建沿海倭寇猖獗，古寺焚于兵祸确实也在情理之中。那么，《香花僧秘典》和天地会各种会簿中的西鲁故事又是怎么回事呢？

毕竟《香花僧秘典》和大量留存的天地会会簿是造不了假的。此时，研究者们又想到了另外两件之前频繁出现在视野里的历史事件——康熙迁界焚海和郑成功抗清。

在真实的历史上，所谓西鲁国是不存在的，因此后人多以为天地会故事是对历史的演绎，那么真实的历史源头会不会就是上述两件真实的历史事件呢？

康熙十三年，朝廷为了防止郑成功和大陆联系，隔断郑成功的经济来源，几次把沿海几十里的居民都迁到内地。在迁徙中，东山人民全部被迁到了内地，也许这个过程中就出现过一些悲惨的故事，古来寺也是在这个时候被烧掉的，这便成了康熙皇帝火烧南少林故事的雏形。

与此同时，明末清初闽南地区还曾出现过一个著名的万姓集团，他们是以万礼为首，以道宗为军师的一个秘密团体。后来万姓集团投靠了郑成功集团，参加了抗清活动，之后在郑成功集团内部，万姓集团受到了一些不公正的待遇，加上抗清活动最终功败垂成，因此这个集团走上了与郑成功决裂的道路。

很可能在与郑成功决裂的时候，万姓集团投降了清朝，帮助清朝击败了郑成功，但却又被清朝迫害，被迫转入地下开始秘密活动，因此成了与清朝作对乃至于以反清复明为宗旨的民间秘密力量，并最终影响或催生了天地会。

对于这一段曲折而又难以说清是非的历史，如何让它传播开来并让后人铭记呢？于是就演绎出了一个康熙皇帝忘恩负义、火烧南少林的西鲁国故事。

既然西鲁故事不是真实的历史，而是由历史演绎而来的民间文化，那么人们又该如何定义被天地会广为流传的南少林呢？可以这样说，"南少林"确实是存在于历史中的一座寺庙，具体可以说就是"有南少林之誉"的仙游九座寺，然而在历史上却并没有以武立寺的南少林称谓，真正的南少林三个字，更多是一种文化的演绎。

因此，福建省关于南少林遗址之谜的争论一共出现了六座寺庙，分别是仙游的九座寺、东山的古来寺、诏安的长林寺、福清少林院、泉州东禅寺以及莆田林泉院。

而值得注意的是，《西山杂志》中提到过少林寺建于泉州清源山麓，而《香花僧秘典》中的九座寺位于兴化清源。福清少林院的所在地东张镇在历史上也曾经被称为清源里。从历史沿革上说，980 年清源里归兴化县（今兴化市）管辖，仙游则就在泉州的北边，742 年仙游隶属泉州管辖，当时的泉州名为清源郡，而原清源则改名为仙游……

在中国的历史长河中，朝代的更替、地域名称和管辖范围的变动，致使南少林遗址始终迷雾重重，也许那座神秘的南少林就是福建多座寺院的化身……

第二章
地下迷城

地道由谁而建

1937 年，全面抗日战争爆发后，为了躲避日军飞机的轰炸，亳州居民纷纷在自家挖掘防空洞。当时便有村民挖出过一条神秘的古地道。出于好奇心，这位村民还曾深入地道之中探索，最终竟然从另一户村民家的防空洞中走了出来。当时亳州的很多村民都挖出过这条地道，不过正处于战争年代，所以没人有心思关心这一问题。

20 世纪 70 年代，由于国际形势变化，国家提出"深挖洞、广积粮、不称霸"的方针。为响应国家号召，全国各地都掀起了修建战略防御工程、构筑坚固地下防空工事的活动。当亳州市人民正鼓足干劲挖掘防空洞时，一条神秘的古地道出现在人们面前。

汉史专家李灿是土生土长的亳州人。出于对故土的热爱，他将毕生心血都用在了保护家乡文化事业上，为亳州古文化传承做出了突出贡献，被誉为"亳州考古第一人"。在听说亳州市民在修筑防空洞时挖出古地道这件事后，李灿先生便专心投入古地道考古工作之中。

亳州，古时称谯城，在新石器时代便有人类活动，于 3700 年前的商朝建城，历经朝代更迭，为"三朝"古都之地。在亳州的历史名人中，曹操算是最为家喻户晓的一个，亳州城下的古地道有没有可能是这位生性多疑的枭雄所设呢？毕竟他设下"七十二疑冢"的故事到现在都广为流传。

为了搞清楚古地道是否真的与曹操有关，李灿曾带领工作人员潜入地道探查。一番探查后他发现，地道宽 0.6 米至 1 米、高 1.7 米，只能容一人通过，地道上方为马蹄形圆拱，拱形上方则修建了约 40 厘米的青砖墙，用来增强地道的坚固性。随着考古发掘的深入，李灿等人还发现这条古地道大部分都为平行双道，即两条地道呈平行状双道修建，为何古人要采取这种费时费力的工程布局式样呢？

　　这一问题还未解决，新的问题便又出现了。李灿等人发现一些高50厘米到70厘米的闸孔，对称分布在地道墙壁两侧靠下位置。这些闸孔的分布很不规律，但却较为密集。这些闸孔是用来做什么的？用来安装闸门的，还是用来放绊腿板的？想要回答这一问题，李灿等人还需要再寻找一些新的线索。不过，几天搜寻下来，考古队并未找到古人留下的任何有价值的物证，想要破解这深不见底的地道中的秘密，还需要想一想别的方法。

　　既然在地道中找不到答案，那就在史料中寻找些蛛丝马迹。李灿等人将注意力放到了晋人陈寿所编的《三国志》一书上，这部书以人物传记的形式讲述了东汉末年到西晋建立这段时期的历史，书中曾多次提到亳州。这一次，李灿等人的希望再次落空，《三国志》中虽对亳州有多次描写，但并没有提到与古地道建造相关的内容。

　　亳州发现古地道的消息很快传到了中央军委，军委认为古地道考古对现代战争作战方法的更新具有借鉴意义，便决定立即派一个专家组前去考察。由于这次考古工作的特殊性，军委特意安排工程兵地下工程专家殷之书加入了考察组。

　　在专家组到来之前，亳州群众已经将古地道疏通了近1300米，听到李灿介绍古

清　佚名　京剧一百人物像　曹操

中国古代杰出的政治家、军事家、文学家、书法家，东汉末年权臣，亦是曹魏政权的奠基者。

曹操地下运兵道实景图

地道修筑在距离地面两米以下时，身为工程兵地下工程专家的殷之书都感到非常惊讶。如此浩大的地下工程，若采用明挖方式多段施工，虽然可以加快施工进度，但很容易泄露城内地道布局，使古地道丧失隐蔽性；但若采用暗挖方式，在深达两米的地下修建如此完整的地道，别说是古人，就是以现代工程技术来修建，也会遇到不少的困难。

为了解开地道建造年代这一问题，殷之书先是通过文物局找了一些当地老人进行询问，根据老人们的说法，自己的祖辈、父辈也知道亳州地下有地道，这个地道确实是在曹操时代修建的，但若问有什么证据能证明这一点，老人们都拿不出确切的证据，只能说这是从父辈、祖辈那传下来的说法。

老人们的说法再次将古地道与三国时代联系到一起，殷之书也想从《三国志》中寻找一些蛛丝马迹。在查阅这部史书时，殷之书发现书中有关亳州的战争一共有五次，并且每次战争都以曹操为首的曹氏集团取胜而告终。由此他推断，这条地道的修建年代应该就是东汉时期，且这条地道一定与曹操有关。

随着地道考古挖掘工作的深入，考古人员从地道中清理出一些碎瓷片，经过分析李灿发现这些瓷片都出自北宋。汉代修建的古地道中出现北宋时期的瓷片，可能的原因有两个，一是这条地道在汉代修建后一直沿用到宋代，或是在北宋时期被发现并使用；二是这条地道的修建年代并不是汉代而是北宋，不过北宋时期亳州并非边防城市，没有必要耗时费力去修建地道这种防御工事。

为了进一步确定古地道的修建年代，李灿选取了一块地道中的城砖与曹操宗族墓出土的砖进行对比，他发现曹操宗族墓出土的砖长 20 厘米、宽 15 厘米、厚 8 厘米，而地道中的城砖长 26 厘米、宽 13 厘米、厚 4 厘米。除了在尺寸上相差较大外，地道中的城砖在做工方面也要比曹操宗族墓中的墓砖粗糙很多，两者之间在模样上也存在较大区别。

李灿将自己的发现告知殷之书。殷之书判断这两种砖在制作工艺上存在很大区别，根本不可能是在同一个朝代制造的。这就是说，古地道建造于汉代的推论已经站不住脚了，难道亳州这座城市中的地道并非建于汉代，而是宋代吗？

北宋地道战

新的疑团出现，专家组决定继续对古地道进行深入挖掘。这一次，专家组将探坑位置确定在距离地道 50 米的二中院内。当挖掘深入 80 厘米时，考古人员从土中发现了不少明清用品的瓷片。当挖掘深入 160 厘米时，更多精美瓷片被发现。经过鉴定，这些瓷片都烧制于北宋时期。

据专家推算，继续向深挖掘到两米深的地方，应该就是汉代遗迹了。不过，在挖到 220 厘米时，出土的瓷器依然以宋瓷居多。当挖到 280 厘米时，李灿在土层中发现了一枚钱币，上面清楚地写着"熙宁"二字。

"熙宁"是宋神宗赵顼的年号，这枚钱币应该是 1068 年到 1077 年间铸造的钱币，据此专家们推翻了古地道建造于汉代的推论，认为这条地道应该修建于北宋时期。

虽然专家组一致认定地道的修建年代在宋代，但李灿心中的疑惑却一点也没有消减。在他看来，从宋代版图来看，亳州远离大宋边疆，宋人根本没必要花费如此大的人力物力在亳州修建这条地道。而且，从探坑挖掘来看，此地道应为明挖修建，但其简单的结构布局又并不利于军民在地道中作战。李灿想不通，宋人究竟是如何使用这条地道的。

基本确定了地道建造年代后，专家组将主要精力转移到研究史料上。通过对《宋史》和《亳州志》的研究，专家组发现经过几千年的演变发展，亳州到宋代时已经是商业经济发达的都市，纺织、医药已经成为这里的支柱产业。发达的医药产业使得亳州成为北宋时期兵家必争之地，更是金军觊觎的战略要地。

古时亳州两面环水，北面的涡河宽 500 米，由于金军不习水战，对宋军而言这可以算是天然的屏障。不过，亳州城南门外的曹操宗族墓因高于亳州城墙，所以为金军提供了可以登高远望之处。金军统帅只要登上高大的曹操宗族墓，便可以将亳州城中的景象尽收眼底，如此一来，宋兵在亳州城中的一举一动，便都会被金军所掌握。是否正是基于这种情况，宋人才在亳州城中建造了地道以增强士兵在地面调动的隐蔽性？如果真是这样，那宋兵隐藏在地道中要做些什么？难道他们就只是躲藏在地道中吗？这条地道是否会通到某个地方？

为了搞清楚这些问题，专家组再次进入地道探查。这一次，专家组发现在地道中有一些专供人休息的"猫耳洞"。所谓"猫耳洞"，就是在沟壕、土坡侧壁上掏出的一个可供栖身的洞，古地道中的"猫耳洞"宽0.4米、高0.7米，可供1到2人休息，在地道中每隔30米就能发现一处。如此算来，在这条地道中，每一千米就能容纳30名士兵，如此来看，这座经过特殊加工的地道，确实在当时有一些特殊的用途。

在宋金对抗中，宋朝虽然曾拥有多达50万的军队，但由于大宋的土地多为耕地，无法放牧，大宋周边国家又对宋采取马匹买卖限制的措施，这使得宋军并没有足够的战马来装备军队，所以宋军的士兵也多以步兵为主。步兵在对战骑兵时会处于较大的劣势之中，多次战争的失败让宋朝在军事上逐渐转为单城防御作战，城高水深的防御模式对马背上长大的游牧民族来说犹如一道道无法逾越的鸿沟。

熙宁通宝

北宋神宗赵顼熙宁年间（1068—1077）铸造。

在攻城受挫后，金军也改变了自己的战术，由单一性的攻城战改为围点打援，这就使被围的城市成为一座孤城。宽广的涡河使得亳州被金军围困时仍可以从水路得到粮食和援军，但隐蔽成为运输的前提，平行双道的结构可以使宋军穿梭于地道之间方便快捷地运送城内所需的物资，而"猫耳洞"则可以在危难时刻让宋兵和百姓藏在洞中躲避战乱。

想要证实上述猜测是否准确，专家组必须要找到地道通向城外的出口。为此，专家组决定在亳州城北门进行考古挖掘。一番挖掘后，专家组在北门瓮城的夯土墙中找到了一条向下的石阶，但当李灿沿着石阶潜入地道时却发现，这条地道非常窄、非常矮，很难顺利通过。从地道底下那深深的淤泥判断，这应该是城市的下水道，而不是古地道的出口。

找寻城外出口的探索失败，为了不过多地损坏古城墙，李灿等人只能从地道出土的文物中寻找古地道城外出口的线索。既然是军用地道，为何在近一年的挖掘中，连一件兵器都没有找到？李灿觉得自己在过去的考古挖掘中遗漏了一些重要信息，为此他反复思索，最终想到了文物出土清单中并不显眼的那些骨质小棍。

原来，在古地道挖掘过程中，专家组发现了多达几十支的骨质小棍，这些小棍

宋　佚名　宋神宗坐像

北宋第六位皇帝，神宗即位不久即召王安石推行变法，史称熙宁变法。

都经过统一磨制，长 12 厘米，质地坚硬，但从外形上根本看不出它们是做什么用的。虽然暂时不知道骨质小棍的具体用途，但李灿依然围绕骨质小棍展开了调查，他走遍了 3000 多米的地道，打算找到骨质小棍的确切出土地点，但却再也没有发现同样的骨质小棍。

另一边，殷之书在感慨八月亳州城天气阴雨过多的同时，发现古地道的墙面只是被淋湿但并没有出现雨水浸泡的情况。经过一番探查，殷之书发现地道墙壁边有的地方有排水沟，但排水沟将这些雨水排到了哪里呢？难道古地道下面修建有完善的排水设施？

在完成测绘工作后，北京专家组基本画出了古地道的建筑结构图，赶回北京向中央汇报，殷之书带领的工作组也一起返回北京。古地道的建造者是如何巧妙处理积水的这一问题，也成为他心中难解的疑问。

专家组走后，古地道的挖掘工作依然没有停止。一天，雨水浸泡使大隅首地道的一段地面的一部分砖层突然塌陷，当人们清理过碎砖后，一条砖梯出现在大家的眼前。宋代古地道下竟然还有玄机，这条砖梯将会通向哪里，下面还有什么未知的建筑呢？

地道下的地道

望着深不见底的砖梯，没有人敢轻易走入其中。为了安全，人们用绳吊着砖向下放，测出了地道的大致深度，而后才顺着砖梯向下探索，一条看不到尽头的地道又出现在众人面前。宋代古地道下面竟然还有一条地道，这一发现让李灿大为惊喜，新线索的发现是否会揭开古地道的所有秘密呢？

经过一番探查，李灿摸清了新地道的大致情况，他发现这条地道由砖土混合砌成，其中以土砌为主，砖墙更多是用来修补土墙的。相比于浅一层的地道，这条深地道的做工非常粗糙，有的地方是半截砖墙，有的地方则是半截土墙，有的地方则是都砌上了砖，毫无规律可言。

在深入探索后，李灿发现，深地道的拱顶由砖土混合建成，拱顶和砖墙在土层的压迫下已经严重变形。补砌而成的砖墙虽然使深地道更加坚固，但却增加了地道的工程量，地道转弯处两侧特殊的阶梯形砖墙，使得地道路口变得更窄，只能容一人通过，并不利于军事物资的运输。深地道的灯龛也十分奇特，几乎每隔五步就会修一个灯龛，在转弯的地方则会修三个灯龛，至于为何这样设计，李灿也不知道此中有何玄机。

从砖的对比来看，宋人是知道亳州城下的这条深地道的，但让李灿疑惑的是，为何宋人不继续利用这条深地道，而是要大兴土木去修建另一条浅地道？如果说浅地道是用来运送物资、袭击敌人的，那深地道又是用来做什么的呢？

从清咸丰时期绘制的亳州城区分布图可以看出，宋人修建的浅地道总体结构，以亳州市老街大隅首为中心呈十字状向四门延伸，地道内部以平行双道为主，没有任何机关。而深地道则遍布于城区的各个角落，有时和浅地道平行，有时又与浅地道交叉，分布很没有规律。相较而言，深地道的结构更加复杂，与浅地道便于运输物资的功能相比，深地道似乎更适合用于地道战。

随着挖掘工作的推进，李灿又有了一些新发现。在深地道中探查时，李灿

亳州古地道弩机
弩是用机械力射箭的弓，是由弓发展而成的一种远程杀伤性武器。

发现这条地道中竟然都是 T 字形路，没有十字形和 L 字形路，而且每条 T 字形路的转弯处，都有阶梯形砖墙。这种砖墙被专家们称为"障碍墙"，这是地道作战必备的一个建筑物。

据亳州城中的老人所说，城中的老街上有一座花戏楼，每年春节时这里都会唱戏，其中最常唱的戏叫"战刘表"，讲的正是曹操运用地道运送士兵来迷惑敌人出奇制胜的故事。难道这条深地道真的与曹操有关吗？李灿决定再次深入地道找寻答案。

这天，李灿与其他专家一起进入深地道清理疏通，骨质小棍再次出现在李灿面前。令他兴奋的是，这一次在不到两米的距离中，竟然一次出现了六支骨质小棍。从地道中出来后，李灿将自己在深地道中发现的骨质小棍与浅地道中的骨质小棍进行了对比，发现它们在形制大小上极为相似。考虑到地道的军事用途，李灿大胆推断，这些骨质小棍就是古书上所说的"衔枚"。

所谓"衔枚"，就是古代行军时士兵衔于口中防止出声之物，形状似筷子，两端有带，可以系在脖子上。这些衔枚的出土，让专家组更加肯定，这条深地道在古代战争中发挥着重要作用。

在发现衔枚的第二天下午，一口水井出现在专家面前。虽然无法通过水井来推测地道的年代，但专家们断定在多雨的季节，深地道中的水正是通过这口水井排出去的。如此来说，这口水井既是地道的排水口，又是隐蔽的出口，真可谓是匠心独具一举两得。

看到深地道排水的合理性，专家组又想到了浅地道的闸孔，也许这一道道闸孔并不是用来插绊腿板的，而是用来插防水工具隔水板的。当水流入浅地道时，宋人根据水的走势插立隔水板，从而把水引到深地道的通气孔，水便会通过通气孔排向深地道，如此士兵只要靠坐在浅地道中高起的部分，等水退去就可以了。当积水流入深地道时，由于有水渗入墙体中，所以深地道中有的墙壁才会出现"鼓肚子"现象。

在后续挖掘中，专家们又从深地道中发现了几枚弹丸，这些弹丸是用陶土烧制而成的，质地坚硬。这些弹丸的出现，不禁让人联想到深地道中曾经发生的激战，但这些战斗又都发生在什么时代？又是谁集中了如此多的人力物力，修建了这条遍布全城的地道呢？

几天后，当地居委会来人告知李灿说大家又挖通了一条特殊的地道，这条地道很吓人，里面的木板、木柱都腐朽了，木屑都撒落在地面上。对于这条略为危险的地道，李灿进行了细致挖掘，在拨开一层层木屑之后，李灿发现了一枚五铢钱，并对其进行了细致研究。

这枚五铢钱的边缘很薄，铜钱上的"五铢"二字也非常模糊，这很符合东汉时期钱币铸造的主要特点。这枚五铢钱的发现，又将地道的建造年代向前推进了一千多年，一直推到了东汉时期。

地道出奇兵

深地道中的一系列发现让李灿坚信，这条地道从东汉开始一直到宋朝都被统治者所利用，这是每一个亳州官员都知道的秘密，出于对城池安全的考虑，历任亳州官员都在统治者的要求下对地道进行修葺、改进。在李灿看来，若想从无到有修建这条地道，必须要具备两个条件，一是当地战乱频繁，百姓为求自保，有修建地道的需求；二是当时物质资源相对充足，并且有一个百姓可以信任的人，带领他们一起修建地道。

东汉时期，亳州城的地方官邸以两个大姓为主，一个是曹姓，一个是夏侯。根据《三国志》记载，曹操的爷爷曹腾便是夏侯治的后代，这使得这两大家族的距离变得越来越近。到了东汉末年，黄巾之乱群雄并起时，曹操便以亳州城作为自己重要的军事基地及战略后方，曹洪、曹仁、夏侯惇、夏侯渊等人既是曹操的亲族，又是曹操手下的得力干将。

据当地百姓所说，亳州以西一里的观稼台是曹操当年屯田的地方，亳州涡阳高炉镇在三国时期是曹操的兵工厂，离亳州四里之遥的北曹寺则是曹操练兵的地方。据此，专家推断，亳州城在三国时期必是兵家必争之地。

如此来看，两个条件都齐备了，那这条地道修建于三国时期，便有了一定

明　佚名　曹操破袁绍

此为明万历十九年校刊本《新刊校正古本大字音释三国志通俗演义》中的插图。

的合理之处。不过，想要确证这条地道确实修建于三国时期，还需要一些更加直接的证据才行。

通过分析《三国志》中曹操使用地道的战役，李灿发现当时地道的用途主要有三种：第一种是用来攻城。比如，210年曹操与袁尚在檀州交战时，使用地道使檀州城墙塌陷，一举夺下城池。第二种是用于疑兵。比如，198年曹操围张绣于穰城，刘表发兵营救张绣，曹操前后受敌时，便是利用地道将自己的辎重部队全部撤出，撤出以后又设下奇兵，将前来追击的刘表和张绣部队击溃。第三种是用来反地道战。200年官渡之战，攻城失败的袁绍挖掘纵向地道企图偷袭曹操大营，但令他没想到的是，曹操竟然在大营中挖掘了横向地道进行防御，击败了袁绍的军队。

一番研究下来，再结合亳州城地道的结构进行分析，李灿发现亳州城中的地道机关复杂，修葺工整，且位于城市正下方，并不符合前面所说的作战用途中的任何一种，难道这条地道还隐藏着《三国志》中没有记载的秘密吗？

李灿决定再次研究一下官渡之战，他发现在经过多年征战，占据了青州、兖州、豫州和徐州等地后，亳州对于曹操集团的重要性已经大为减弱，河南许昌已经取代亳州成为曹操逐鹿中原的新基地。不过，这并不是说亳州对于曹操集团已经可有可无了，作为中州门户的亳州城依然是曹操军事辎重的集散地，只不过面对拥兵数十万企图消灭自己的袁绍，曹操需要将更多精锐力量集中在许昌这个新基地，而只能分配少许兵力来守卫亳州，保住自己的军用物资。

这该如何是好呢？修建地道是个绝好的方法。地道的修建可以在亳州被围时让守军藏于地道之中，并在夜晚进行袭击，使敌人疲惫不堪。由于地道内部复杂的结构，即使敌人攻入城内，也不敢轻易进入地道。如此，城中的曹军便可以依靠少量力量来牵制敌人，等待援军的到来。

李灿兴奋地将自己的推断告诉大家，其中一位专家在听完李灿的论述后，提到了亳州地道的"T字形之谜"。原来，最初专家们在考察地道时，都是以考古和挖掘的形式去研究地道的，他们忽略了地道的防守用途，如果从进攻和防守角度来审视整个地道的结构，就会发现T字形通道的修建，可以让地道内的守城士兵轻松消灭来犯之敌。

多年之后，经过修葺的古地道作为旅游景点对外开放，李灿老人发现的那段土地道也被钢筋混凝土建筑所取代，虽然老人仍然保存了那枚锈迹斑斑的铜钱，但汉地道的样子只能留在老人的回忆中。而随着李灿老人的离世，真正能够描述出汉地道样子的人也越来越少了。

今天古城的地下还有未被发现的古地道吗？一位当地修葺过古地道的瓦匠给出了肯定的回答。然而，离这位瓦匠最后一次见到古地道的时间已经过了20多年，这段地道现在是否还存在？7月的亳州下了一个星期的雨，开放的地道即使有水泵日夜不停地抽水，地面也依然积满了水。这条千年的古地道又会是什么样子呢？

眼前的一切立刻使我们想起李灿老人对当年古地道的回忆：当走出三十米后，巨大的拱顶出现在我们面前，地道里到处散落着支撑拱顶用的木桩，拱顶有四米宽，用土夯实，古人为什么要在地下修建这么宽敞的空间？我们无法找到答案，由于电线长度不够，我们不得不撤出这条古地道……

面对地道深处的黑暗，我们不禁要问亳州城的古地道到底有多长，而这条幽深的地道，又会通向城市的何处呢？

第三章
追寻悬棺的主人

悬棺与僰（bó）族

在中国西南广袤的山岭江河间，一具具高悬于顶的悬棺幽暗神秘地静置山间，这些悬棺如同大自然的鬼斧神工，给人们心头带去最大的震撼和疑惑——仅凭人力，真的能在山岭江河间制造出如此复杂的悬棺吗？又有谁会将自己的亲人如此埋葬呢？

带着这个疑问，四川省考古队在1974年春天，在僰人悬棺遗存最多的珙县对悬棺进行了首次发掘和保护。千百年来人们对这个神奇的少数民族总是怀有极大的兴趣，所以，不少专家学者都渴望探寻僰人的秘密。

可是，在一番发掘下，专家们才发现僰人简朴的殉葬风格。在发掘出的十具棺木中，陪葬品可以说是极其有限。但是，在这些发现中，僰人一些奇特的风俗还是吸引了大家的注意。这些僰人遗体都穿对襟上衣、桶裙。七具成人尸骨中，有六具失去了上颌两尖齿，经过鉴定，这些牙齿是被故意打掉的。而且，僰人嗜好喝酒，一般都陪葬酒器。崖画和其他发现，还显示他们通常头顶梳一高髻，喜欢奏乐铜鼓。

在这次发掘中，棺木里还出土了一件特别的青花瓷碗。要知道，在中国历史上，由于青花瓷需要特殊的烧制工艺，所以直到明代中期成化初年的时候，官窑里才渐渐地出现了所谓的青花贡品。至于青花瓷流入民间，那至少也在三四十年之后了。因此，这具悬棺的历史，被专家判定在明代。而且，后来的种种检测也表明，棺木里的所有陪葬品都是在明万历年间戛然而止，自此也没有发现年代更近的僰人悬棺。

这种发现不禁使人疑惑，僰人的后代为什么突然在此时放弃了保持两千年的丧葬习俗呢？这个奇特的族群为什么要行这样的葬俗？他们的命运又是如何呢？

一个个疑惑,一个个谜团,如同山岭江河间的风,昼夜不停地叩击着人们的心灵。要解开悬棺主人身上隐藏的秘密,故事还要从明朝万历元年说起。

1573 年,当中国北方正在欢庆大明王朝的第十四任皇帝朱翊钧登基的时候,南方却遭受着一场震动天下的大会战。是的,万历皇帝用来庆祝自己执掌王位的方式,就是在 3 月 21 日这天,将十四万兵马集结于今天的四川宜宾,然后讨伐一支多年来雄踞于此的彪悍的少数民族——僰人。

据说,僰族可溯源到古代少数民族濮族,即百越民族。僰人属于蛮夷,生活于荆棘石岩之中。但因为早在周武王时期讨伐西南八夷时有功,秦汉时又建立过僰侯国,所以僰族是当时少数民族中最为仁义文明的一支。也因为此,历史创造了一个奇特的"僰"字,来称呼这个文明的少数民族。

僰人今天最令人惊叹的就是他们的悬棺。从我国春秋时期起,沿福建武夷山、江西龙虎山、重庆小三峡一线都有悬棺留存。但目前为止,藏量最大、保存最完好、内涵最丰富的当属在川南宜宾珙县等地的悬棺。

这一带又是僰人曾经繁衍生息的故土,在两千年间,僰人不断发展壮大,

古铜鼓

铜鼓文化属于僰人文化的一种象征。

一直发展成西南少数民族的领袖。然而，僰人雄踞云、贵、川三界的咽喉地带，却并不是一个易于驯服的族群。因此，僰人一直是中央政府的心头之患。

明朝开国以后，政府为了加强对西南地区的统治，开始逐步限制僰人的权利。尤其万历初年，中央政府在这里强行废除了一直以来存在的蛮夷酋长制度，反而让汉臣取代僰人的酋长。这样的举动，终于让原本紧张的对抗演变成一场全面反抗。

时光回到 1573 年，此时，隆隆的鼓声还在九丝城里回荡。自从三月二十一日战争爆发以来，明朝军队在几个月里先后攻下僰人的"灵霄城"和"都都寨"这两座重要据点。九丝城这个易守难攻的天险，已经成为僰人最后的防线。

此时，九丝城的鼓声急促而紧张。对僰人来说，铜鼓具有非同一般的意义，它不但是僰人首领召集各山寨的号角，而且是没有语言文字的僰人的语言工具，更有甚者，说它是一种权力和财富的象征，是凝聚僰人民族的圣物。但是，明军却在九月初九这日，将僰人的铜鼓毁于一旦，让僰人的信仰也为之崩塌。

那一天是僰人一年一度的赛神节，酣战数日的僰人开始放歌纵酒。但是，在夜色中，早有准备的大明军队若隐若现，已经准备好了随时进攻。月影窣窣下，明军燃烧了石堡村寨，喝得酩酊大醉的僰人尽遭屠杀，就连三个头领大王也全没能幸免。

根据《明史·刘显列传》的相关记载，1573 年九月初九这场战争过后，明军抓住了哈大王。传说僰人有 100 面铜鼓，俗称诸葛铜鼓，明军就告诉哈大王，他们已经缴获了其中的九十三面。哈大王仰天长叹，认为"鼓失，蛮运休矣"，僰人的命运也会跟随铜鼓一起结束。果然，明军随即对逃散的僰人进行了残酷的追杀，彻底将僰人铲除了。

明军胜利之后，僰这个字就很少出现了。根据推算，这个字很有可能是被强行融入其他民族中而逐渐衰亡，而悬棺这个延续了两千年的习俗也随之中断。一个古老而独特的少数民族，竟然在明万历元年九月突然消失，这不得不让人们感慨万千。

今天，在僰人生活的故土上，人们再也无法看到僰人后代留存的迹象，但人们凝望着石堡、崖画、悬棺，当年那一幕幕的壮烈仍旧依稀可辨。或许，僰人正是为了保护祖先的尸骨，才使用了悬棺的形式进行安葬。但是，一场战争却将一切毁灭殆尽。只剩下烧焦的桩孔，如泣如诉地讲述着僰人命运的悲伤。

人们对僰人的些许残破记忆，只来自当地那些神乎其神的传说——"蛮子从凌霄城一起飞，架两个簸箕，就在那个梁子的地方，蛮子的脚印有丈二尺，飞起时，蛮子腾着云，驾起雾，只需两扇簸箕就飞跑了……"

终究，这个创造鬼斧神工般悬棺的民族，化作了历史的传说，也消失在历史洪流里。

寻迹"僰"文化

在明军的剿杀之下，僰族消失在了历史的洪流之中。然而，神秘莫测的"僰"文化却并没有因此湮没在历史的尘烟里，这种文化反而沉淀出越来越多的传奇和疑问，令无数后人心向往之。

可是，如今的人们只能知道，僰人有着与汉民族完全不同的文化信仰，他们崇敬灵魂，相信来世，并在两千年里世代延续着神秘的葬俗。至于僰人为什么要创造这样奇特的风俗文化，以及他们到底拥有怎样的文化信仰，人们似乎还是一无所知。

悬棺遗址虽然仍在眼前，但遗址里关于反映僰人习俗的历史资料却相当的少。这些资料，只能从一些提到过僰人习俗文化的历史书籍上获得。不过，也正因为"僰"文化的记载少之又少，才让更多的学者为其沉迷。比如四川方面僰人文化的研究者黄文华和屈川，就对僰人心向往之，追寻不止。

黄文华和屈川认为，作为人类文明史上的奇葩，僰人的文化一定会留存、延续。因为从当年的那场战争来看，即便明军对僰人斩尽杀绝、根诛隙拔，但僰族作为一个大型的少数民族，明军要将几万人一个不留地斩杀干净，其可能性几乎为零。当年，僰人战士或许被诛杀了不少，但逃入深山老林的僰人也不是少数。即便明军搜山剿杀，也不一定能将全部的僰人搜查干净。何况，明朝还有一部分记载，称对当地的山民（包括残留的都掌人或僰人）进行强制同化与教化，这就说明当年一定有僰人幸存下来，说不定还会繁衍生息直至今日。

提到对僰人的调查，就不得不提贵州的民族学家翁家烈。翁家烈原本是调查仡佬族和苗族的，他先后去往苗族人民聚居地四川和云南调查，在调查过程中，翁家烈发现了僰人的问题，并立刻产生了强烈的兴趣。

"首先是悬棺葬，悬棺引我好奇的是，僰人到哪里去了呢？"这是翁家烈看完悬棺后的第一想法，随后，翁家烈调查了关于僰人的历史记载。根据记载，古僰侯国以宜宾为中心，以三大河南盘江、南广河和朱提江流域为区域，僰人的生活范围应该横跨云贵川三省。据史料记载，僰人的聚居地不仅仅是在川南地区，甚至可以延伸到云南的昆明、滇池一带。也就是说，僰人的生存地域比较广泛，乃至于云、贵、川三地都有僰人生存的痕迹。所以，翁家烈认定当年一定有僰人幸存下来。

为了追寻这个传奇而悲壮的少数民族，翁家烈构想出一条僰人可能逃跑和生存的路线，并针对这条路线开始了考察。翁家烈沿着九丝城下的公路一路向南，路上，翁家烈一直留心着关于僰人的传说。一路上竹林摇曳、白鹭轻鸣。如此的宁静祥和，让人很难将它同四百年前的烽火硝烟与滚石烈马联系在一起。思绪飘摇间，翁家烈来到了云南省昭通市盐津县的豆沙关。

豆沙关，也称石门关，这是古时从中原内陆进入中国南方的必经之路。自秦朝开始，历朝政府都非常重视对它的修葺。时至今日，道上深深的马蹄印以及摩崖石刻，都还见证着昔日人流不息的繁华景象。僰人与这里也有着深厚的渊源，这一带是僰人故土僰侯国的旧址，所以，这一带又被称为僰道。后来，有人干脆将这里称作僰道县，以表明此地与僰人的渊源。

秦朝时期，僰道又被称作五尺道，它一路向西南延伸，可以直接通往僰人的聚居地。五尺道上有很多僰人生存的痕迹。比如悬棺，从今天的云南盐津到震雄，我们都可以看到留存下来的悬棺，站在关道边环顾四下，僰人生存三大水系之一的朱提江波涛滚滚，而在关河南岸的万丈峭壁上，那赫然而立的则是僰人的悬棺。

那么，落难的僰人是否还能在这里生存呢？生存下来的僰人是隐藏起自己

明　佚名　明神宗坐像轴

明朝第十四代皇帝，明朝在位时间最长的皇帝。

的民族特征，与其他民族进行融合了呢，还是始终保留了自己本民族的习俗习惯呢？这是翁家烈等人迫切想知道的，也是萦绕在无数人心头的疑问。

不过，毫无疑问的是，僰族在这个地带休养生息，那势必会留下很多东西。通过分析，翁家烈认为僰人要生存下来，可能会隐入云贵边境的茫茫大山。于是，翁家烈按照直线行进，从川南一直走到了滇东北，甚至还走到了曲靖以下！穿过盐津县时，翁家烈已经距宜宾有近千公里了，但在这漫长的旅途中，他却始终没有找到僰人留存的迹象。

或许，当年那场与明朝政府的对抗，真的让悬棺的主人付出了亡宗灭祖的代价？百寻踪迹而不得的翁家烈也不由得如此猜想。很快，他踏入了云南省东南端，这里是少数民族聚居的地方，那喧闹和繁华的景象，也终于让翁家烈的精神为之一振。

这里是文山州，是属于僰人三江生存区域的南盘江流域。文山州北通豆沙关，南邻越南，已经是当年僰人可以到达的最南端了。这里群山错落有致，湖泊群清丽秀美，不仅可以耕种粮食，而且可以捕捉鱼虾。这个美丽富足的地方青山隐隐，绿水悠悠，对当年亡命天涯的僰人来说，这里宛如人间天堂，实在是个隐居的好地方。

经过仔细打听，翁家烈终于获得了自己长久以来追寻的答案——当地村民告诉他，这里的确有僰人居住，他们的帽子很有特色，就如同马的笼头一般。而且，僰人还在这里较为偏僻的地方建了寨子，聚居生存。

丘北县竟然真的出现了僰人，翁家烈不由得欣喜万分。要知道，僰人在历史上就是一个善于养马和骑马作战的少数民族，这一点在他们的岩画中也有突出的体现。在岩画里，出现最多的图像就是马匹和骑马的人。而且，南宋时期茶马互市，宜宾的汉人经常用茶叶和货物与僰人的马匹进行交换，川马也因此成为宋军马匹的主要来源。

此时，"僰"文化就像一位来无影、去无踪的神女，在人们的努力追寻下，她终于现身，并准备揭下自己的面纱。

僰人后裔探踪

四百年前，一场与明军的战争使僰人突然消失，而四百年后，在云南文山州丘北县的偏僻村庄里，专家学者们又突然发现了僰人的踪迹，这不得不令人称奇，也很难不让人探寻。

消息一经散出，丘北县就立刻聚集了众多的研究者。这些学者都是对僰人问题进行研究的主力学者，其中有我们前文提到的四川的僰人文化研究者黄文华、屈川，有贵州的民族学家翁家烈，还有来自云南各方面的学者，如管鹏、吉学平等。这些学者在神秘的悬棺与"僰"文化面前，都化身成了谦虚的学生。他们相互考证、相互促进，誓要探索出隐藏在悬棺背后那神秘莫测的民族文化内容。

大家聚集在丘北县后，便开始四处打听关于僰人的消息。但经过探寻，大家都只找到了一些关于苗族、仡佬族的信息，关于僰人则是传说多，信息少。有学者提出，僰人会不会是当地的"摆族"？因为在当地有一个民族，它的读音介于白族与傣族之间，却又不是这两个民族之一，于是，学者们便大胆推测，或许"摆族"就是僰人在当地的称呼。

经过一番讨论，学者们决定以此为方向，向当地居民们打听关于"摆族"、马笼头帽子和僰人的信息。经过一番打听，不少人都告诉学者们，的确有些戴着马笼头帽子的少数民族在这边出现，而且，这些戴着马笼头帽子的人出现得还很频繁。学者们来了精神，忙问这些人居住在哪里，一个老乡告诉他们，这些人都聚集在丘北县的舍得乡。

原本，获得这些信息对学者们来说是好事，但不知为何，大家生出了些"近乡情更怯"的意思。这个在历史中消失了近四百年，曾经缔造了神奇悬棺的古老民族真的会在丘北重现吗？那些戴马笼头帽子的人真的是僰人的后代吗？

兴文石海，僰人山寨

他们能打开悬棺主人神秘的世界吗？所有人都对悬棺及其背后包含的巨大谜题抱有疑问。但不管是真是假，探寻终于有了进展，也非常值得学者们向前一步，寻明真相。

学者们对僰人的追寻一下子让丘北县热闹起来，按照当地人的指点，他们踏进了一个名叫舍得乡白泥塘的村寨。这座村寨怪石嶙峋，举目都是石崖、石屋。比起刚经过的风景秀丽、水米充足的地方，这里确实显得有点贫瘠。

学者们不由得面面相觑，悬棺主人的后代，真的生活在这穷乡僻壤的石缝间吗？可仔细一想，对僰人来说，这里的居住环境似乎也十分合理。因为四百多年前，僰人在四川宜宾为了抵抗明军的攻打，建造了宏大严谨的石堡、石寨，以至于被人们称为"悬崖上的民族"。或许，他们现在的生活就是继承了僰人的生活习俗，想到这里，学者们的希望又更多了几分。

看见有外人来，村民们十分热情，还专门穿上了艳丽的少数民族服装。大家笑逐颜开，与学者们攀谈起来。聊天过程中，学者们敏锐地发现，这里的村民侧门牙都是后镶的，这两颗牙齿变成了金属薄片，在阳光下闪烁着亮光。

学者们立刻想起了悬棺内尸体的古怪风俗，当时，在四川宜宾悬棺内发掘的七具成年人尸骨中，就有六具被打掉了两颗上齿。而这些村民镶牙的习俗，竟然与悬棺中的僰人先祖如出一辙！对学者们来说，这无疑是个令人印象深刻的发现。

根据村民的讲述，人们敲掉侧门牙是因为之前瘴气太重，人染上瘴气后就会牙关紧闭，无法喂下汤药，为了避免因为灌不进汤药而丧命，他们这才形成打牙的习俗。而且，村里老一辈人对牙齿的观点是人死后牙齿一定要撬掉，不然这个人的灵魂就会回到身体里，让身体变妖作怪，对活人不利。事情进展到这里已经很明显了，这些村民很有可能就是僰人的后代。于是，学者们纷纷向村民打听僰人的风俗习惯，以此弥补历史上"僰"文化的空缺。

交谈期间，有学者重新提出"摆族"、白族是否为僰人后裔的观点，这个观点一经提出就遭到了村民的反对。因为当村民们去白族领地时，他们听不懂白族人的语言，白族人也不懂他们的语言。而且，这里的村民与白族人的服饰文化也大不相同，不管是头饰还是衣裙，他们的与白族的都是大相径庭。白族人喜欢清淡雅致的服饰，而这里的村民则喜欢浓重艳彩的服饰。此外，这里的村民还喜欢在头上装饰海贝，白族人则并不流行这种装饰。

关于村民们喜欢在头上装饰海贝这一点，也让追寻僰人后裔的学者们眼前一亮，因为僰人早在两千年前就盛行用海贝来充当装饰品。可见，这里的村民与僰人之间确实存在某种联系，可是，丘北县舍得乡白泥塘的这些村民，身份证上却都标注着彝族的字样。

对当地村民来说，他们一直认为自己是彝族的后裔。不过，从生活习惯上看，这里的村民与传统的彝族人民还是有很多不同之处的。比如彝族是一个有名的能歌善舞的民族，在跳舞时，人们还会手挽着手。可是，丘北这里的村民虽然也喜欢跳舞——丘北人有自己独特的舞蹈，名叫跳乐——但是他们在跳舞时并不会手挽手跳。而且，丘北村民们在跳舞时会唱一些民歌，这些民歌与彝族民歌也差别很大。

这些丘北村民究竟来自何方，他们真的会是消失在历史中四百多年的僰人的后裔吗？要解释这些问题，学者们还需要依靠现代科学的力量，比如——DNA。

无限接近的真相

在学者们的不断追寻下，丘北县的村民们与传说中的僰人似乎只隔了一层薄纱。而且，这层薄纱很快就会在现代科技的力量下被彻底揭开。负责揭开这层薄纱的人，就是我们前面提到的学者之一——吉学平。

2003 年 6 月，云南省考古研究所的吉学平来到丘北，这次他进行的是最科学的人体 DNA 检测。只要将村民们的头发、牙齿等人体组织与悬棺中僰人尸骨留存的组织进行 DNA 对比，就能得出一个最为科学的结论。

在精密的测算下，吉学平发现丘北县村民的 DNA 与彝族的 DNA 不太一样，丘北县村民的 DNA 还保留着中国古代百越民族的特征。而这个特征，恰好与悬棺里僰人先祖尸骨的 DNA 结果一致，这实在是一个令人兴奋的结果。

然而，这种欢欣并没有持续太久，因为吉学平等人很快意识到了另一个问题——虽然彝族并不属于百越民族里的一支，但这里居住的壮族、傣族等民族都属于古代百越民族。那么，丘北县村民们会不会是壮族、傣族等族的分支呢？这个仍然无法确定。

要想获取更可靠的证据，人们还需要回到对僰人基本特征的详细考证上。僰人最典型的三个文化特征是"崖画""铜鼓""悬棺"，这三个文化特征分开看虽然是历史上少数民族的常见特征，但组合在一起，目前却只有僰人一族具备。比如今天在四川珙县悬棺最集中的麻塘坝，这二百二十八具棺材旁边，就保留了三百七十一幅崖画。对于僰人这样一个没有本族文字留存的民族，这些崖画无疑是学者们了解"僰"文化最生动真实的资料。不管是飞翔的火鸟，还是潜游的鱼儿，都透露出僰人与沿海的百越民族之间割不断的脉络。可以说，百越民族的特征在僰人的崖画中不断得到体现。

有趣的是，就在丘北县内的狮子山上，竟然也有大量这样独特而瑰丽的崖画，而它们恰恰频繁出现了太阳、鸟儿和鱼纹。在色彩方面，这些崖画如悬棺旁的图画一样，都是古朴真挚、色彩鲜艳。这样完全一致的笔法和特性，不由得让人想将两者联系起来思考。

而且，这样的一致性不仅仅出现在崖画上，还出现在僰族的铜鼓文化中。迄今为止，四川宜宾还保留着丰富的铜鼓文化。1573 年九月初九这场战争过后，明军抓住了哈大王，哈大王告诉明军，"鼓声宏声者为上，可值千牛"，而且"得鼓二三，便可称王"。可见，铜鼓文化在"僰"文化中是具有相当重要的意义的。

几千年里，僰人形成了本民族独有的铜鼓艺术，而且目前划分出了相当细致的铜鼓文化。僰人铜鼓主要属于"石寨山式"，这种样式的铜鼓图案写实精美，兼具实用和收藏两方面的价值。丘北县村民们也收藏了大量的铜鼓，仔细观察上面的纹饰，就会发现这里的铜鼓与僰人的铜鼓惊人地相似。比如，丘北县与宜宾的铜鼓都普遍拥有太阳纹，这种纹饰来源于僰人先祖对太阳的特殊崇拜。此外，丘北县和宜宾的铜鼓也经常出现鹭纹和羽人纹，这两种纹饰都是僰人铜鼓文化中颇具特色的地方。

然而，就在众人欢欣鼓舞之际，悬棺这个"僰"文化中最关键的因素却全然没有踪迹。在丘北地区，人们也没有发现任何悬棺葬。没有了悬棺，又怎么会有僰人呢？学者们在疑惑之余，仍然没有放弃对真相的追求，直到村民李自华神秘地外出后，学者们才在高高的崖洞中，取下了一个用桦桃木雕凿的，高约三十厘米，直径四十厘米的鼓状木筒。木筒里面，装的是一些奇特的金属铜片，而这些铜片，却是僰人丧葬文化中的重要组成部分。

如果僰人去世时年纪超过六十岁，就要用很薄的铜片，由族长根据死者的脸型迅速地做一个半身铜像，然后刻上口、鼻、眉、眼、耳。随后，再由死者家属——一般是由长子——用针戳破手指头，取指尖血沾在铜像上面，来表达血脉亲缘世代相传。原来这个鼓状木筒，其实就是僰人家族的祖棺。它最重要的作用就是装存代表先祖灵魂的金属铜片，然后将它隐藏在一个高而隐蔽的地方，像传家谱一样，将祖棺世代传递供后人祭拜。

这种祭拜方式是僰人特有的祭拜方式，也是丘北村民们重要的丧葬文化习俗。平日里，村民们会用青冈树枝对祖先祭拜。在丘北丧葬文化中，人们会将战死的族人领袖放置在棺木中，然后再用链子吊到石崖上。石崖上有一棵青冈栎，将棺木与青冈栎捆绑，可以防止其他民族将先祖尸体毁掉。后来，人们为了崇拜信仰，就用青冈树枝代替了。

悬崖、战争、青冈栎……丘北人与僰人的影子仿佛总若隐若现地重合着。直到 2003 年十月初十，丘北村民里的李氏家族举行重大的祭祖仪式时，学者们才发现了丘北人与僰人之间的神秘联系。

按照传统，祖先的灵魂根本不能轻易给外人观看，但为了让当地文化部门能更好地了解本族习俗，丘北村民还是破例允许了记者拍摄。在悠扬的祭

僰人帽子

僰人帽子色彩鲜艳，与彝族相近但又
自成风格。

祖歌声中，李氏后人背祖棺、清洗灵魂铜片，进行了祭拜献享等过程。丘北人鲜为人知的葬俗，也因此揭开了神秘的面纱。不过，此时的丧葬形式已不是悬棺葬了，这里没有尸骨，只有灵魂，没有悬崖，只有洞穴。如今，悬棺主人的后代确实已经不复存在了。

可是，这样一个奇异的少数民族，一个曾经创造了悬棺传奇的民族，真的在400年的历史风雨中消亡了吗？在丘北人葬俗隐藏的一些细节中，学者们似乎又发现了端倪。首先，丘北人在祭祖的时候，似乎非常介意接触到土，而且他们放祖棺的地方，总要铺上厚厚的青冈树叶。而且，他们的祖棺是放在崖头上的，不入土，其他民族基本没有这种习俗。

而且，每年的十月初十的祭祖时间与其他民族大相径庭，但联系僰人是在十月被明军剿杀这点，似乎丘北人十月初十祭祖又十分合理。而且，根据丘北村民的说法，他们之所以不做悬棺，是因为悬棺需要悬崖峭壁，可丘北地区并没有这样的地方，所以，悬棺这种形式就渐渐不再使用了。

穿越历史时空的寻找终于有了结果！经过各方的检测和比对，今天在丘北六个乡四十二个村里生活的五千余人，很可能就是僰人的后裔。他们经历了难以想象的磨难，才终于在偏僻的石缝间建立了自己与世无争的新生活。

虽然当初与明朝政府的战争十分残酷，虽然多数僰人不得不接受了被强制同化的命运，但仍然有一支顽强地生存了下来，而且他们依然爽朗热情，依然勇敢顽强。他们更用最近似悬棺的方式，沿袭着古老的葬俗，铭记着祖先的嘱托。

现在，当我们再次仰望绝壁时，我们亦不再困惑。悬棺，这个人类文明史上奇异的创造，虽然终结于一次历史的灾难，但是悬棺的主人僰人，却一直延续着他们不曾中断的坚韧和传奇！

第四章
盛乐古城

鲜卑族与拓跋部

天下大势，自古分久必合，合久必分。自秦汉大一统之后，中国历史开始进入第二次分裂时期，史称"魏晋南北朝时期"。

386 年，三国曹魏政权之后，又一个叫作"魏"的国家在中国北方建立，史称"北魏"。到了 439 年，北魏先后消灭了夏、北燕、北凉等割据势力，统一了中国北方。自此，南北朝的对峙局面正式形成。

南北朝对峙结束之后，中国终于迎来了辉煌的隋唐大一统时期。此时，北魏成为连接秦汉、隋唐两次大一统的重要纽带。而且，更为重要的是，北魏是中国历史上第一个由北方游牧民族入主中原而建立的政权。

时光荏苒，北魏的那页史书早已被翻过，但它的脚印，却停留在呼和浩特市南三十八公里处的一座叫作盛乐的古城遗址上。这座古城遗址，曾经是中国北部草原建立的第一座都城。这座都城见证了拓跋鲜卑创建北魏的历史。

如今，提起"拓跋鲜卑"这个名字，人们似乎总觉得遥远而陌生。而且，单从名字来看，人们也很难想象这到底是个什么样的民族，又有着怎样的历史。为什么一个少数民族，竟然能冲破层层壁障，入主中原，甚至还创造了光辉灿烂的民族文化？这些疑问都像迷雾一般，令人好奇费解，却又捉摸不透。

若想解答这个疑问，我们还需从战国时代说起。当时，在今天内蒙古的东部地区，包括今天的辽东一带，一直生活着一个叫作"东胡"的民族。公元前 209 年，匈奴的冒顿单于杀掉了自己的父亲，并夺取了匈奴的统治权。随后，冒顿单于东征西讨，将东胡民族打散了。于是，东胡的余部就分成了两支，一支叫作乌桓，另一支叫作鲜卑。

鲜卑族是我国古代北方的一个古老民族，它被匈奴打败后远走辽东塞外，默默无闻，和中原汉朝都没有来往。至于鲜卑族在辽东塞外过着什么样的日子，又经历过什么事情，史籍里并没有记载。人们只知道，数百年后的258年，一个叫作拓跋鲜卑的部落开始在阴山地区兴起，并且经过一百多年的孕育发展后入主中原，建立起强大的北魏王朝。

鲜卑来到辽东一带后，又分散成很多小部落，散在草原各处。东汉时期，鲜卑部落林立，各自为政，在发展过程中，他们逐渐与草原上其他游牧民族杂居、融合，最后却意外地发展壮大起来。要知道，游牧部落跟农耕社会不

冒顿单于的雕塑

此雕塑位于成吉思汗国家博物馆，冒顿单于首次统一了北方草原，建立起庞大强盛的匈奴帝国，是匈奴族中第一个雄才大略的军事家、统帅。

一样，它很分散，几里、几十里才有一户人家，要想把他们凝聚起来非常困难。在这种情况下，它又缺乏统一的经济基础，所以它的形成需要一个强大的部落，也需要一个伟大的人物。

东汉末年，鲜卑就是靠着这样一位名叫檀石槐的英雄人物迅速崛起，檀石槐才能卓越，将七零八落的部落转变为一个新的民族共同体。不过，关于檀石槐的奋斗史，史籍里却很少提及。因为鲜卑民族早期没有文字，要想了解他们的历史，就只能借助中原王朝的记载。在中原史籍中，鲜卑最早见于《后汉书》。但是令人费解的是，《后汉书》中对于东胡余部的记载，只到他们战败逃亡，之后便戛然而止了。

今天，从集宁到北京的高速公路边上有一座高山，名叫大青山，当时的檀石槐就居住在这座山的附近。由于檀石槐英勇善战、断法公平，所以得到了其他部落的拥护，他也因此很快就统一了整个蒙古草原，建立了一个大的鲜卑单于部落。

由于檀石槐的声名在外，所以草原上很多部落都闻风来投。在众多投靠鲜卑的部落中，有一支部落叫作"拓跋"，它曾是塞外深山中的狩猎部落。可是，人口不断膨胀，导致单纯的狩猎生活无法满足拓跋部的需求。为此，他们不得不选择往山外迁徙。

东汉末年，拓跋部迁徙到蒙古草原上。当时，恰好是檀石槐率领鲜卑族的强盛时期。拓跋兴起之后就加入了鲜卑。檀石槐将鲜卑分成三部，而拓跋部又是鲜卑族里人数最多的一支，所以后来，人们经常将拓跋与鲜卑放在一起说，"拓跋鲜卑"也是由此而来。

事实上，中国北方并不只有拓跋部一部，其余还有宇文部、慕容部、段氏和乞伏部等鲜卑部落存在。拓跋鲜卑创建北魏之后，史书对他们的记载逐渐增多，其中以《魏书》最为详细。《魏书》对拓跋鲜卑的起源有这样的解释："国有大鲜卑山，因以为号。黄帝以土德王，北俗谓土为拓，谓后为跋，故以为氏。"按照这个解释看，拓跋部是因为生活在大鲜卑山中，所以被称作"拓跋鲜卑"。但是，与这一记载相矛盾的是，当时的蒙古草原上已经生活着那个叫作鲜卑的民族了。那么，这种差异到底应该如何解释呢？原来，《魏书》上说的大鲜卑山，是后来拓跋鲜卑给自己伪造的一个身份。

当时，鲜卑在发展过程当中逐渐成为北方游牧民族的一个主要部落，为了进一步抬高自己，拓跋鲜卑便做了此种修饰，来放大自己的闪光点。其实，拓跋鲜卑并不需要抬高自己，因为一个原本弱小的狩猎部落，能发展成统治草原的原生民族，甚至还能入主中原，这本来就是一件令人啧啧称奇的事情。但是，拓跋鲜卑能发展到今天的地步，也离不开一个英雄人物——拓跋力微。

就像檀石槐对整个鲜卑的作用一样，拓跋鲜卑的兴起同样依靠了被北魏皇族称作始祖的拓跋力微的力量。3 世纪中叶，拓跋力微率领拓跋这个弱小的狩猎部落从大山迁徙到草原。当然，这次成功的南迁只是部落新政的第一步计划，随后，他们还遇到了更多困难。被北魏皇族称作始祖的拓跋力微究竟如何一步一步奠定了北魏政权的基础呢？让我们继续往下看。

传奇的始祖与盛乐古城

与农耕社会相比，狩猎与游牧民族要面临的生存挑战会更大。在从狩猎向游牧转变的过程中，他们必须在部落纷争、弱肉强食的草原上占据一席之地，才能为部落子民谋一世之全。在这样的前提下，北魏皇族始祖拓跋力微是如何开疆拓土的呢？答案其实很简单，因为他成功地利用个人能力，完成了两个非常重要的任务。

在成为拓跋部首领后，拓跋力微就依附了没鹿回部大人窦宾，以一个普通战士的身份助其东征西讨。在一次战争当中，没鹿回部窦宾的战马死了，对草原战士来说，战马一死，就意味着战士的性命堪忧。可是，拓跋力微却毫不犹豫地将自己的战马给了他的主人，而且是采用了不留名的方式，悄悄将马匹奉上。

没鹿回部的大人窦宾非常感动，势必要寻找到这个"忠心耿耿"的部将，

定都盛乐蜡像全景图　图绘拓跋力微定都盛乐的情景。

到处打听之下，窦宾才知道献上战马的人原来是拓跋力微。为了表示感谢，窦宾将自己的女儿嫁给了他。从此，拓跋力微就牢牢依附了没鹿回部，并借助没鹿回部的力量在草原上站稳了脚跟。

当然，对拓跋力微来说，只是在草原上站稳脚跟还远远不够。因为他需要的是一个完整的鲜卑，需要的是整个蒙古草原。为了实现统一鲜卑的理想，拓跋力微显示出比其他部落酋长更加高远的眼光。

在权衡了客观的形势后，拓跋力微发现蒙古高原上还有诸多的部落需要他去结交。而且，拓跋力微十分看不起跟中原打仗的冒顿单于。在他看来，拓跋部应该跟中原建立友好关系。于是，拓跋力微就派了质子到曹魏。拓跋力微派去充当质子的是他的儿子沙漠汗，这一举动让拓跋力微跟曹魏建立了比较友好的关系。由于友好的关系建立了，所以他就开始跟曹魏有互使的联系，拓跋部的经济也得到了迅速发展。

司马炎取代曹魏建立晋朝之后，拓跋力微又用同样方式，将儿子沙漠汗送到晋朝做质子，借此延续了与中原王朝的友好关系。就这样，拓跋力微凭借与各方势力所保持的和平关系，让拓跋鲜卑得到宝贵的休养生息机会。在这样的前提下，拓跋鲜卑逐渐成为阴山前后一个比较大的部落。

不过，这距离拓跋力微的理想依然有很大距离，于是，他开始着手第二步计划，那就是吞并其他部落。在拓跋力微的野心下，首当其冲被吞并的便是其岳父的没鹿回部。拓跋力微并不是一个普通人，当他得知他的岳母病死的时候，他先杀害了自己的妻子，然后又以妻子亡故为名，让妻子的两个内弟前来奔丧，随后，他又将毫无防备的两个人杀死。就这样，没鹿回部很快就成了他的囊中之物，而拓跋部也重新兴盛起来。

拓跋力微吞并没鹿回部之后，很快又统一了其他鲜卑部落。258年，拓跋力微建立起部落联盟，也就是早期的国家政权。拓跋鲜卑建立其早期国家政权的地方叫作盛乐，其位置就在今天呼和浩特至和林格尔县的209国道边上。在209国道边有一块石碑，碑上所刻的"土城子遗址"，其实就是指盛乐古城。

土城子是现在的行政区划，而"盛乐"则是北魏时期的称谓。当年坚固的城墙历经千年的沧桑，风化成今天的模样。当年荒草丛生的草原，也被开垦成了片片农田。不过，这些都不能掩盖当年拓跋力微对拓跋鲜卑的不世之功。

不过，在感慨之余，人们也不禁发出了这样的疑问，为什么拓跋力微会选择在盛乐定都？为什么拓跋力微会建立拓跋鲜卑的早期国家呢？答案还要从当时盛乐古城所处的环境说起。

在拓跋力微的年代里，盛乐古城属于古敕勒川的南缘，这里水草丰美、野兽繁多，骁勇善战的匈奴在这里长期驻牧。后来，匈奴和汉朝发生了战争，相互征伐。到了东汉末年的时候，由于天灾，再加上匈奴内部的矛盾，匈奴便分裂成南匈奴和北匈奴。北匈奴继续往北撤，而南匈奴则归附了大汉。从此，这个地方便空了下来，直到拓跋鲜卑西进南迁，占领了匈奴故地之后，古敕勒川南缘才建起了早期的国家。

拓跋力微为什么会选择在盛乐建都呢？这是困扰无数专家学者的问题。后来，经过长时间的思索和考察，加上在盛乐古城的不断探寻，学者们才终于窥见了拓跋力微的用意。

原来，这里除了自然条件非常良好之外，它的南边还紧靠着长城，北边就是千里阴山，西边不远处就是黄河，东边临着

身穿鲜卑军装的西魏人雕塑

此雕塑穿着束腰外衣和宽阔的长裤，他的头发绑在头顶上，戴着一顶小帽子。

岱海和蛮汗山。从生活角度讲，这里边水草丰美，从军事上讲，这里易守难攻。由此，我们也不难看出拓跋力微建城于此的用意了。

一千七百多年前，拓跋鲜卑在这里创建了代国和北魏，今天沿着遗留的土堆仔细辨认，我们依然能够看出当年城墙的方位和具体规模。盛乐是拓跋鲜卑建立第一个政权的地方，但盛乐城本身的历史却不是从拓跋鲜卑时代开始的。

从本质上看，这座古城其实是由好几座城组成的，这些城分别建于不同的历史时期。现在的城墙遗留了很多当年的痕迹。比如盛乐古城属于汉城墙，但西边却是北魏盛乐都城的城墙，东边则是唐单于大都护府的城墙。

2006 年，内蒙古考古所对和林格尔地区进行了一次大规模的航拍探测，从探测结果可以看出，汉、北魏和唐三代城墙在土城子古城的分布情况。在这次航拍探测中，专家学者们究竟发现了什么呢？这个发现又会对盛乐古城产生怎样的影响呢？答案终将被人们揭晓。

盛乐古城密码

盛乐古城不仅是拓跋力微创建的城市，而且是后世探索拓跋鲜卑与匈奴文化的重要遗址。为了更好地探索盛乐古城的秘密，专家学者组成了小队，针对盛乐古城进行了大规模探索。除了城墙，盛乐古城还保存有大量其他文物，而这些文物的现世则离不开一个又一个的巧合。

20 世纪 70 年代，和林格尔县小板申村的一位农民，在一次修筑梯田的过程中无意间发现了一座古墓。内蒙古考古所得知消息后，迅速组织力量进行了发掘。可惜的是，这座古墓在历史上经历过多次盗取事件，整个墓室已经是空无一物。不过，队员们并没有丧气，他们的目光很快被墓室的侧壁所吸引。

这座古墓的壁画覆盖了整个墓室，一直延伸到墓顶。同时，大家还在墓地的石砖上发现了铭文，这四个铭文直到今天依然清晰可辨。通过对壁画和铭文的研究，专家们认定这是一处东汉时期的墓葬。通过这座墓葬，人们可以知道东汉时期的盛乐其实已经有了初步的城市建制。当然，盛乐的历史还远不止于此。

根据专家学者们考古发掘的情况来看，这里有春秋、战国、西汉、东汉、魏晋，甚至是隋唐、辽、金、元等不同时期的文化堆积。而在不同时期的文化堆积当中，专家学者们发现了大量的文物。在多次大规模考古后，专家们在盛乐古城附近挖掘出墓葬两千多座。其中，战国墓有一千多座，占总数一半以上。这个发现说明了盛乐古城早在战国时期，人口就已经非常密集了。

除了墓葬之外，专家们还在土城子地下挖掘出了战国时期的城墙。战国时期的城墙约 310 米见方，现存的城墙保存得相当完好。经过考古勘探和清理，专家学者们发现战国古城实际上是将土城子古城建置的历史向前推到战国时期。

密集的人口和古城墙的存在，说明盛乐城在战国时期已经存在。那么，顺着时间脉络往前追溯，盛乐的历史还能追溯到什么时候呢？ 1986 年的某天，人们在土城子地区发现了答案。

当时，在盛乐地区东南部一座被冲毁的墓葬当中，有工作人员发现了一把青铜短剑。青铜短剑带有四个铭文，铭文是篆书。经过青铜器专家李学勤先生的考证，他得出四个篆书组合起来应是"耳铸公剑"四字。这四个字中，"耳"指的是曾经晋国的霸主"重耳"，而这把青铜剑正是战国时期的耳铸公剑。

随着此剑的出土，一个疑问也被提出了，为什么重耳的剑会在盛乐古城被人发现？赫赫有名的春秋五霸之一晋文公重耳，又与盛乐古城有着什么样的关系呢？

根据《史记·晋世家》中的记载，晋文公重耳因为受到晋献公的迫害，曾在狄国避难十二年，随后经过多年浮沉，他才回到中原并成就霸业。不过，在狄国避难的十二年里，重耳留下了不少历史印记。而这把青铜剑的出土，也等于是印证了这段历史。而且，这个发现还能证明盛乐古城很可能是当时

鲜卑壁画鼓吹图

北方少数民族"狄族"的政治中心。

如果说，一把"耳铸公剑"青铜剑的出土还不能证明盛乐古城在春秋时期就已经存在，那么，更多短剑的出土，则让这一推论变得更加可信起来。这些盛乐地区出土的短剑与重耳剑相同形制、相同年代，它们都证明了春秋时期的盛乐古城已经有了完整的城市建制，而接下来要解决的问题，则是盛乐古城是否就是晋文公重耳避难的狄国的所在地。

答案显而易见，因为在这些春秋战国时期的墓葬里，专家学者们发现了大量带有晋文化色彩的陶器，以及一些同样带有晋国文化特色的铜器。这些器皿的出土，特别是和"耳铸公剑"一模一样的青铜短剑的出土，实际上等于进一步印证了"耳铸公剑"这把青铜短剑发现的真实性。由此，人们也可以确定盛乐古城这个地区，在历史上最早可以追溯到其政治经济发展非常强大的一个时期。

如今，与盛乐古城一脉相承的历史虽已远去，但它们却在这片土地留下了足迹。眼前的城墙虽然已经面目全非，但却静默地证明着盛乐古城的过去。而这种厚重的文化积淀，也终于孕育出后来的拓跋鲜卑和北魏政权。

历史上盛乐古城历经战国、汉、北魏、唐四次建城，其中，汉、北魏和唐这三代的城墙一直保存至今。风化让古城城墙变得面目全非，但却将一幕幕千古传唱，以及一个个可歌可泣的故事定格为记忆。

在记忆里，有个民族叫作拓跋鲜卑，这里就是当年他们轰轰烈烈演出的舞台。这些历史遗留的物证，真实地记录了盛乐古城的悠久历史，同时也成为拓跋鲜卑建都立业的真实映照。拓跋鲜卑一族不仅在这里生活了一百四十年，而且还在这里建都了四次。

258年，拓跋力微在盛乐古城建立了早期国家政权，在这次建都之后，整个鲜卑都在拓跋力微的带领下日益强大。而中原的西晋政权为了阻止拓跋鲜卑的发展，开始不断向拓跋各部大人送礼，以此离间和瓦解越来越强大的拓跋鲜卑一族。

事情正如西晋政权所料，当时拓跋力微的儿子沙漠汗准备回国，拓跋各部大人收了贿赂礼品，就开始向拓跋力微进谗言。人们纷纷对拓跋力微说，

北魏陶狗

陶狗做工精湛，栩栩如生。

沙漠汗沾染了中原的习气，很可能造成国家的混乱。拓跋力微听了十分生气，便让拓跋各部大人直接杀掉了沙漠汗。

沙漠汗死后，拓跋鲜卑各部大人害怕拓跋力微会怀恨报复，于是干脆起兵造反，杀掉了拓跋力微。294 年，拓跋力微建立的早期国家政权瓦解，拓跋鲜卑一族也很快大乱。这场战乱持续了九年，随后各部才偃旗息鼓。

此时，拓跋鲜卑分成了三个部落，一部为拓跋力微儿子建立的部落，另外两部则是沙漠汗的儿子建立的部落。沙漠汗儿子这两支部落骁勇善战，一个叫猗陀，一个叫猗卢。拓跋鲜卑复兴之时，西晋政权正遭遇八王之乱，而且外部还有匈奴不断侵扰。情急之下，西晋被迫向拓跋猗陀求助。在猗陀率领的拓跋鲜卑的帮助下，西晋成功抵抗住匈奴的侵扰，为此，晋怀帝封猗陀为大单于。至此，拓跋鲜卑又一次与中原建立了联系，而关于盛乐古城的传说，也得以继续流传。

四次国都的盛乐

今天，人们若想探求猗陀与西晋之间的恩怨情仇，《魏书》无疑是最好的选择。根据《魏书》的相关记载，晋怀帝的确曾向猗陀求助，并在击退匈奴之后，封猗陀为大单于。那么，《魏书》的记载究竟属不属实呢？一切秘密还埋藏在盛乐古城里。

20世纪80年代，呼和浩特市的岱海地区出土了一片金片饰件，饰件上铭刻着三个字——"猗陀金"。很显然，这片金片饰件的主人，正是史书上记载的统一鲜卑各部的猗陀。

"猗陀金"的发现，足以证明《魏书》的记载完全属实。当年，拓跋力微建立的早期国家政权瓦解之后，猗陀确实率领鲜卑各部在盛乐地区继续活动。猗陀死后，他的弟弟猗卢继续统领拓跋鲜卑各部，不久之后，猗卢再次出兵保护晋朝政权。晋怀帝为表感激，分封猗卢为大单于，晋爵为代公。晋愍帝死后，晋愍帝加封猗卢为代王。

315年，猗卢借助晋国的支持建立代国，并在盛乐古城定都。自此，盛乐第二次成为拓跋鲜卑的都城。猗卢统一三部以后建立了代国，以盛乐古城作为都城，也就是北都。这段历史，也同样留存了遗迹以供后人溯源。1934年，人们在绥远地区发现了代王猗卢之碑。这证明了穆帝猗卢确确实实是在盛乐古国建立了代国。而代国，就是今天的和林格尔县和林格尔地区。

让我们将目光投向那个纷扰的年代，当时，猗卢帮助晋朝解决了外患。但让他没想到的是，他统辖的代国也出现了内部问题。原来，猗卢有一个长子，这位长子骁勇善战，功勋卓著。可是，猗卢却更偏爱幼子，并希望将王位传给自己的幼子。在这种背景下，猗卢便着手培植幼子的势力，还时不时打压自己的长子。

一次，猗卢故意让幼子坐着他的车辇在街上走，猗卢的长子看见父王的车驾，便赶忙跪下磕头。结果，等猗卢的长子站起身来，才发现王驾上坐着的竟然是自己的弟弟。这样的事情一桩接一桩，终于激怒了猗卢的长子。于是，猗卢的长子便发动了暴乱，杀掉了自己的父亲，夺取了王位。

316年，代国灭亡。不过，代国虽然已经不复存在，但眼前的草原似乎依然可辨那声声嘶吼。猗卢建立的代国灭亡之后，拓跋鲜卑再次分裂，在塞上徘徊。十几年后，什翼犍复兴代国，建元建国。什翼犍复代之后，仍然选择在盛乐古城定都。对盛乐古城来说，它已经经过拓跋力微和猗卢的时代，此次是第三次成为拓跋鲜卑的都城了。

放眼中原，此时中原正处于东晋十六国时期。东晋偏居江南，前凉、前秦、前燕割据称雄，草原上匈奴和高车二族虎视眈眈。面对如此复杂又险恶的环境，年轻的什翼犍遭遇到前所未有的挑战。不过，什翼犍也有自己的管理办法，那就是按照晋朝的官制，设置了一些职官制度。同时，他还用了不少汉人为自己效力。在什翼犍开明的政策下，代国又开始兴盛起来。可是，拓跋部落大人们因为个人利益的丧失，开始对什翼犍恨之入骨，并且伺机叛乱。

一次，拓跋氏的汗廷里面发生了一次叛乱，一个贵族起来要杀什翼犍。什翼犍的儿子拓跋寔冲上前去保护父王，却被贵族刺伤了肋骨，最终不治身亡。儿子死后，什翼犍开始一蹶不振，376年苻坚率领前秦军队伐代，什翼犍锐气不再，无力反抗，代国最终被前秦所灭。好在拓跋寔救驾身亡时，他的妻子贺兰氏已有身孕，这个遗腹子，便是未来草原上的英雄，还成为强大的北魏王朝的开创者——拓跋珪。

苻坚灭代之后，代国人纷纷外逃，贺兰氏也不得不带着年幼的拓跋珪逃出盛乐古城。最后，拓跋珪来到了他母亲的部落贺兰氏部落。等到前秦灭亡后，拓跋珪在贺兰氏部落的支持下回到代国，并在今天的土默川平原上被拥戴为代王。

拓跋珪建国以后，再一次将都城迁到了他祖先们曾经辉煌过的盛乐古城。386年，拓跋珪在盛乐古城建立了北魏政权，并迅速实现了部落的统一和兴盛。建立政权后，拓跋珪先解散部落，加强了中央集权制度，同时按照中原王朝的体制设立郡县，取消部落酋长的权力。部落酋长和部民都成为郡县制度下的边民。解散部落后，内部的潜在分裂因素就被消除了，而拓跋珪此举也完成了从狩猎向游牧、从游牧向农耕的转变。

398 年，拓跋珪迁都平城，也就是今天的山西大同。此后，北魏经过太祖拓跋珪，太宗拓跋嗣两代人三十多年的经营，直到世祖拓跋焘时，国势才真正得以强盛起来。439 年，太武帝拓跋焘历经十多年的征战，先后消灭了夏、北燕、北凉的割据势力，全面统一了北方。493 年，北魏迁都洛阳，自此实现了真正的强大。

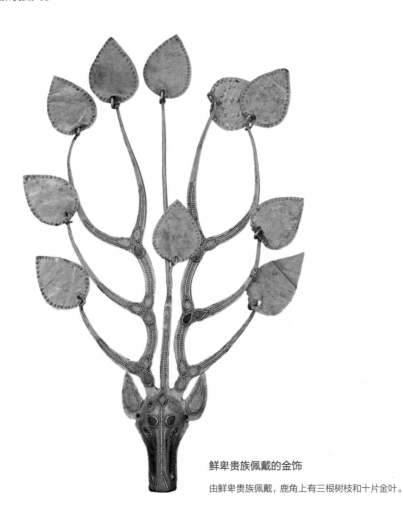

鲜卑贵族佩戴的金饰

由鲜卑贵族佩戴，鹿角上有三根树枝和十片金叶。

不过，关于拓跋鲜卑的发展脉络虽然渐渐清晰，但拓跋鲜卑发源的大鲜卑山到底在哪里依然是个谜团。关于这个问题，史书上只有这样一段记载：在拓跋焘的时候，生活在这一带的乌洛侯国曾派人到北魏来进贡，使臣告诉拓跋焘，拓跋鲜卑祖先的石室现在还在大鲜卑山，而且这个地方非常灵验，有很多信徒受众。太武帝拓跋焘得知这一消息后，当年便派遣中书侍郎李敞带领人马和物品，不远千里前往石室祭祖。

在拓跋鲜卑故地，李敞按照中原皇帝的最高礼仪，举行了极其盛大的祭天祭祖仪式，并且宣读了祝文。最后，李敞还将祝文刊刻在石室之上，方才返回。《魏书》礼制将祝文完整地记录下来，但是那座大鲜卑山以及那座石室究竟在哪里，却仍然是一个谜。

盛乐古城究竟在何方

根据《魏书》的记载，大鲜卑山的这段历史应该是真实存在的。可是，这个大鲜卑山究竟在何方，那座神秘的石室又在哪里呢？对于这个谜案考古学家们从未放弃过努力。

二十世纪八十年代，考古学家们在大兴安岭北部的深山密林间，找到了一个名叫嘎仙洞的地方。在嘎仙洞的石壁上，专家们发现了一些石刻祝文。直到今天，这些石刻祝文依旧完好如初。

将石刻祝文与《魏书》原文相比较，考古学家们惊奇地发现，二者竟然在大体上趋于一致。也就是说，拓跋鲜卑就是从这里走向草原，继而又入主中原的。然而，拓跋鲜卑，这个已经消失的民族身后还有无数谜团，其中一个尚有争议的问题是，拓跋鲜卑四次建都的盛乐古城又到底在哪里。

虽然目前专家们将土城子定义为盛乐古城，而且从土城子出土的文物看，那里的历史也的确足够悠久，但是，这些并不能证明土城子就是真的盛乐古城。毕竟，《魏书》中关于盛乐古城有这样的记载：什翼犍复代之后，便移都于云中之盛乐宫。这里的"云中"并非天空，而是指汉代的云中郡，也就是今天呼和浩特市托克托县。在呼和浩特市的托克托县，至今还保留着云中古城的遗址。

根据《魏书》中"移都于云中之盛乐宫"的相关记载，可知盛乐宫就建在托克托县当年的云中古城中。可奇怪的是，今天的托克托县距离土城子古城足足有四十多公里的距离，那么，拓跋鲜卑建都的盛乐古城，到底是在云中还是在土城子呢？

目前，关于盛乐古城具体位置的问题，学术界普遍认为，云中就是盛乐古城的所在地。持此观点的学者们认为，内蒙古托克托县的云中古城曾经发掘过一些北魏时期的文物，比如莲花化生瓦当，还有一些鎏金的铜佛等，这些文物证明了北魏时期，云中的确有贵族活动的痕迹。但是，和林格尔也出土了大量文物，它同样有证据证明自己的历史。而且，《魏书·序记》及其他史料关于盛乐古城的记载是比较含混模糊的，比如除了"云中之盛乐"外，还有"定襄之盛乐"，那盛乐古城也有可能在定襄一带。所以，盛乐古城究竟在哪里，专家学者们谁都无法给出一个准确的答案。

后来，考古专家们经过长期调研，最终认定了和林格尔的土城子就是盛乐古城。因为在土城子古城的考古发掘当中，专家发现了北魏早期，即代魏时期的大量文物。而在云中古城发现的，则都是北魏时期甚至是北魏晚期的文物。也就是说，拓跋鲜卑早期建立盛乐古城是属于拓跋鲜卑历史上的一些早期事件，它最初建都势必与其早期历史有直接关系。

此外，考古学家们对土城子古城进行了考古试掘，并对其城壕也进行了考古解剖。最后，考古学家们发现这座古城对应的北魏历史的上限与下限都是较为清晰的。有趣的是，398 年，北魏迁都平城，他们在盛乐古城留下了一百四十年的足迹，也给今人留下了金陵之谜。所谓金陵，曾在《魏书》上有过明确记载，就是埋葬北魏早期五位帝王、十多位皇后、众多皇族以及大臣的陵墓。

新中国成立以来，内蒙古和山西的文物考古部门对金陵进行了多年的考古调查，人们虽然找到一些线索，但却没有找到一所具体的金陵墓葬。既然

北魏铜佛造像

北魏佛教雕塑造像一个典型特征就是
微笑，佛的微笑给人一种深邃之感。

鲜卑皮带扣

皮带扣金质，上刻有瑞兽，是鲜卑皮
带扣的重要标志。

金陵是确实存在的，为什么直到今天，人
们依然无法找到它的踪迹呢？这件事还要
从《宋书》里一窥端倪。

根据《宋书》的记载，鲜卑族具体
的葬俗是叫"死则潜埋"。所谓"死则潜
埋"，潜指的是潜水的潜，也就是死了之
后把人往深处埋，它的目的等同于密葬。
这种密葬和后来蒙元时期蒙古人的密葬在
含义上是基本相通的。只有深埋地下，才
能防止自己的遗体被外力因素破坏，但也
正因为有这样的初衷，才导致了目前人们
对金陵一无所知，而且金陵的所在地也同
样不能被确定。

不过，经过一番推测，专家们还是将
视线集中到了和林格尔县。内蒙古考古所
在对土城子古城的挖掘过程中曾经发现了
一处唐墓，这座墓葬的发现为寻找金陵提
供了重要线索。唐代的墓志上讲述了墓主
人的埋葬地，并且提到了墓主人葬在金河
县。金河即盛乐古城南端的宝贝河，宝贝
河注入大黑河后，随即注入黄河。墓主人
葬在金河县，就意味着盛乐古城里或许有
不少人都选择葬在此处。而且，北魏早期
帝陵因位于金河之畔而得名金陵，如果宝
贝河就是金河，那么人们有理由相信，金
陵就在和林格尔县。

拓跋鲜卑从定都盛乐到北魏灭亡历经
了三百余年，对后世中国的发展做出了重

大贡献。唐朝时期是中西文化交流的一个鼎盛时期，正是这一时期的各种政策才形成了隋唐文化的高度繁荣，而这些政策，都得益于魏晋南北朝时期的民族大融合。

随着历史的发展，鲜卑民族最终退出了历史舞台，但鲜卑人所创造出的丰富多彩的物质文化，却犹如璀璨夺目的明珠，永远镶嵌在中国北部的大草原上。拓跋鲜卑消失在时空的灰烬中，盛乐古城却逐渐发展成为现代化的乳都。但是仔细聆听，这里的夜空似乎依然回荡着来自远古的歌声，因为茫茫大草原依然记得北魏曾经有过的辉煌。

第五章
大足石刻

佛都与大足石刻

1159 年，也就是南宋绍兴二十九年的七月十四日，一代密宗大师赵智凤出生在今重庆市大足县境内的一户人家中。

大足是巴蜀地区的一块富饶之地，它隐秘在苍山绿水之间。从 345 年起，这里便开始修建寺庙礼佛诵经。千年来，这里总是青烟缭绕、钟磬不绝。据说，曾有一位皇帝游历到此，因感到这里生活十分惬意，便打算把都城迁过来。风水先生来了之后，便仔细占卜。最后，他告诉皇上，这里不适合做帝都，但却是一个地道的佛都。

赵智凤生活的是古代大足地区，其生活时代也是佛教石刻造像的高峰时期，此时，雕刻佛像已成为一种专门的职业。当时，很多雕刻师都来自北方中原地区，而且具有家族传统。他们云集到大足竞相献技。

八世纪中叶发生了安史之乱，安史之乱以后，唐朝皇帝几次逃到四川避难。这时候，整个国家社会政治活动中心一再南移，导致了北方中原佛教的没落，也失去了大规模开窟造像的诸多条件。可是，对四川巴蜀之地来说，这时候正是政治稳定、仓廪充实的好时候，加上唐朝末期到五代前后的蜀王极端崇佛，这就让佛教造像鼎盛一时。

这时，蜀地造像和以往北方中原不同，基本上不是官方主持，而是私人镌刻。石刻大都由呈蜂窝状叠加的石窟群构成，其内容和形式异彩斑斓，呈现出民俗化和生活化的特点。

在现存的大足石刻中，有一窟名叫观无量寿佛经变相，其主要刻画了在西方净土世界中尽善尽美的生活。大足石刻中还有很多颇具特色的石刻，比如西方三圣和十圣观音，地藏王菩萨、孔雀明王经变相等。阿育王大兴佛法时和孔雀王的形象混合，被称为孔雀明王。在孔雀明王经变相的内壁上，还

重庆大足石刻北山石刻多宝塔

重庆大足宝顶山石刻圆觉洞佛像

布满了排列整齐、千姿百态的一千多尊小佛。还有关于中国古代神话传说中的千里眼和顺风耳的石刻，他们是玉皇大帝查访下界的民间俗神。

大足石刻还有一窟比较有特色的石刻，内容刻画的是摩利支天。摩利支天实际上是古印度的光明女神，她身长八臂，手持不同兵器，战无不胜。因此，她又颇受武士们的信奉与尊崇。除了摩利支天石刻外，还有一窟叫十三观音变相的石刻非常有名。观音在古印度本是善男子，到了中国之后逐渐被女性化，为了拯救苦难众生，他能变化出不同的化身。同样有特色的还有水月观音石刻，这一窟顾名思义，便是正在观看水中月的观音。只见这座观音呈游戏样坐于金刚台上，神情悠闲自若，十分美观。

在众多石窟中，最具代表性的当属转轮经藏窟。转轮经藏窟开凿于南宋绍兴十二年至十六年，也就是赵智凤出生前十五年左右。转轮经藏系佛教法器，其形制为大窟中心建一柱，作八面形，内置佛教经典，八面柱上各雕一龙，以示天龙八部中的龙众护法之意。

雕刻师将柱内镂空，使得龙柱既支撑了整个穹顶，又将光线巧妙地引入窟内来。洞窟正壁为释迦佛坐于莲台之上，他的神情庄严肃穆。洞窟右壁刻有普贤菩萨，普贤菩萨体态前倾，目光下视，双唇轻启，嘴角微收，欲笑又忍，感情微妙。普贤菩萨的座下为一大象，温顺而立。象左侧立着一位象奴，双眼圆睁，旷悍剽武。

普贤菩萨的旁边是日月观音，她身具六手，分别托有日、月、长剑、柄斧和杨柳枝。观音面色盈洁，肌肤吹弹可破，且神情文静，和蔼可亲。

洞窟左壁刻有文殊菩萨，文殊菩萨手握经卷，象征着智慧。文殊菩萨的双目平视，神态略显自负。文殊菩萨的座下为一青狮，青狮怒目切齿、欲狂吼状，文殊菩萨坐在青狮的背上。青狮则只见其怒，却不见其动。

文殊菩萨旁边是玉印观音，她左手举印，右手抚膝，神态稳健却面相刚毅。玉印观音的胸前璎珞珠串繁饰，头上花冠玲珑剔透，所有的珠串均以凹浮雕刻成，距今已有近九百年历史，但却未损毁一粒。

转轮经藏窟中的菩萨造像体现了中国古代妇女雍容华贵，感情内敛，却又婉约妩媚的审美形象。这一窟也被誉为中国石窟艺术皇冠上的一颗明珠。

在赵智凤五岁那年，他的母亲得了一场大病。为了治好母亲的病，年幼的赵智凤来到寺院求签。师父告诉他，要治好母亲的病，就要帮助众生祛除疾苦。于是，赵智凤立志发愿，要出家为僧。后来，赵智凤母亲的病终于痊愈。从此，母子俩更是发誓要普济众人，以报答佛恩。

其实，在佛教从印度传入中国之初，佛经中并无孝道二字。但佛教为了在中国扎根立命，便积极地吸收了儒家思想中的忠孝观念。今天，在大足北山石窟的众多佛像中还刻有一块《孝经碑》。《孝经》为孔子所著，他提出孝是一切行为的最高标准，是至德要道。但是，他也反对愚忠、愚孝。也就是说，无论是臣对君也好，子对父也罢，如果一味听从不仁不义的命令，也就不能称之为孝了。

秦始皇焚书坑儒之后，《孝经》便出现了"今文"和"古文"两种版本。"今文"十八章，"古文"二十二章。而流传至今的《孝经》中原只有今文版本，直到1945年，专家们才在大足石刻中发现了这块《古文孝经碑》。这块《古文孝经碑》也让学者们不由得惊呼"寰宇间仅此一刻"。由此，人们也足可见大足石刻对历史与人文的重要意义。

融入本土的佛教

大足石刻对中国文化的意义不言而喻，更加重要的是，大足石刻中的佛教在古代中国进行了本土化演变，融合了中华传统的儒家文化。在中国传统文化的加持下，大足石刻的佛道变得更平民化，也更容易在民间传播开来。

大足地区浓厚的佛教氛围，以及雕刻石像的传统技艺，都给少年赵智凤带来深刻的印象和启迪。他利用在寺庙的时间开始全面地修习佛教经典，并寻访当地石窟造像。

人们普遍认为，大足石刻中开凿最早而规模较大的石窟群为北山石窟，而它的主要营造者是唐末昌州刺史韦君靖。唐朝末年政局动荡，北方中原灾荒不断，四川地区还算仓廪充实，但也是藩镇割据、相互征伐。

韦君靖苦心经营，最终夺取了以大足为中心的古昌州的统治权，并在今天的北山上建立了自己的军事堡垒——永昌寨。与此同时，他又组织人力在北山石湾开凿佛像，安抚流民。

石窟艺术由印度经西域传入内地之后，我国北方黄河流域先后开凿了敦煌石窟、云冈石窟、龙门石窟等大型石窟，但它们相对于大足石刻而言却有不同的特点。

首先，北方石窟主要由国家主持开凿，资金也多由国家募集，而大足石刻则基本上是民间僧俗个人捐资开凿供养；其次，北方石窟的早期作品在形制和内容上受印度石窟艺术的较大影响，而大足石刻则主要采用了中国固有摩崖造像的方式，即在岩石表面造像，并将现实人物的特点引入神像的塑造上去，能实现人神交融之感，其内容也呈现出本土化、民俗化的强烈特点。

赵智凤十六岁那年，为了坚定自己的信仰，为了寻找自己的求佛方向，他决定离家远行，前往当时汉州的弥牟地区学习瑜伽密宗大法。赵智凤前往修学的是弥牟圣寿本尊院，其位于今天四川成都的青白江地区。当赵智凤到达的时候，这座寺院已经衰落了。而赵智凤之所以不辞辛苦来到这里，是因为他想钻修的，正是圣寿院柳本尊大师所传授的瑜伽密宗大法。

中国佛教密宗是在唐玄宗开元年间，由印度高僧善无畏、金刚智、和不空到中国传教并逐步创立的。但到了唐末以及五代之后，北方中原地区密宗渐成绝响。而与此同时，四川却成就了一代密宗大师柳本尊，将中国汉地佛教密宗又延续了数百年。

当赵智凤来到弥牟圣寿本尊院时，他看着已经衰落的寺院，决定重振香火延续密宗。这时，宗师柳本尊已经过世两百多年了，但关于他苦行修炼的故事却广为流传。在今天的宝顶山大佛湾，有一幅规模宏大的"柳本尊十炼图"，其讲述的就是柳本尊所修炼的密宗，为了普度众生而自残身体的故事。

柳本尊的十种苦行，都和他所秉承的密宗修行有关，但这些惊世骇俗之举，无疑也扩大了佛教密宗在世俗中的影响力。

赵智凤在圣寿院修行时也广泛体察民情，他深刻地了解到，佛教为了在汉地传播要积极地利用民间教义，并努力和儒家、道家融为一体。位于大足西南部的石篆山石窟主要由北宋时期当地的大地主严逊出资捐造，其中有三窟并列相连，却分别代表释、儒、道三家的石像，它们分别是第七窟"三身佛像"，第六窟"孔子及十哲人像"和第八窟"老君像"。在大足妙高山石窟当中，还有一龛将儒、释、道三教形象放在一起的奇特造像，在这一龛造像中，文宣王孔子端坐于右壁，佛祖释迦牟尼刻于正壁，道教鼻祖老君则端坐于左壁。

密宗是佛教的一个流派，有比较独特的修行理论，常用一些高度组织化了的咒语、礼仪，在修法之际还要建筑特定的道场。在弥牟圣寿本尊院修行了三年之后，赵智凤便返回了家乡。回到家乡后，赵智凤便立志要把自己学到的法文传播给大家。可是，考虑到当时大足地区佛教造像的兴盛，赵智凤也决心以石刻造像的方式，建一座大型的佛教密宗道场。

可是，要营建合乎规范的密宗道场，就必须找到合适的地理位置。要知道，合乎规范的密宗道场不能像民间雕刻那样随意，而是要能将密宗尊奉的神像和教义故事完整地展示出来。经过不懈的考察，在宝顶山下一处"U"形的石湾里，赵智凤选定了自己要营造道场的位置。

那么，在这样一个道场里，应该刻上哪些造像故事呢？又要如何借鉴大足当地百姓的世俗生活，才能通俗而准确地表达出佛教密宗的要义呢？赵智凤不由得陷入了沉思。

用一生做好一件事

赵智凤思索之下，决定雕刻一座三圣像。

这座三圣像身高七米，肩宽二点九米，头顶崖檐，脚踏莲台，袈裟皱褶如刀斧劈出却舒展自如，高大的圣像体朝前倾，显得悲悯大度，气势庄严，如三根擎天柱一般立于大佛湾之中。佛教认为佛有法身、应身、报身三种身，三圣像中间的便是佛的法身像毗卢舍那佛，这是密宗的主要尊奉对象，列于两边的是他的两位协侍文殊苦萨和普贤苦萨，三尊佛像合称"华严三圣像"。

值得注意的是，文殊菩萨手中托着一个高约一点八米、重约千斤的宝塔，雕刻师们巧妙地将文殊的一幅大衣襟搭在手腕上，然后下垂与膝部连接，利用建筑力学托起宝塔，使它历经千年而不坠。

在华严三圣像的东侧是千手观音，这也是密宗的主要本尊。一般的千手观音像多以几十只手来代表千手，但这尊千手观音像却如孔雀开屏般金碧辉煌，一手一态，千手千姿。很多人试图数清这尊千手观音像究竟有多少只手，但终因手的分布过于复杂，而一直未能成功。

据说，有一位聪明的和尚，他利用贴金箔的机会，贴一只手就记一个数，最后终于解开了这个谜。原来，宝顶大佛湾的千手观音共有一千零七只手，它是我国佛教艺术中唯一的名副其实的千手观音像。

可是，石窟的开凿并不是一蹴而就，需要投入大量的时间和人力、物力，常常需要停下工来，为继续开凿募集资金，如何能叫人惩恶扬善、懂得因果报应呢？赵智凤再一次陷入了沉思。在中国民间佛教信仰中，有人死后需到地狱里接受审判的说法，于是，赵智凤决定把十八层地狱形象地雕刻出来，在这十八层地狱中，都是对生前作恶之人实施种种恐怖刑罚，有生前自恃豪强乱出妄语而被送入油锅煎炸的"镬汤地狱"；有被熊熊烈火烧红的铁板炙烤的"铁床地狱"；有因为生前对神明裸露不敬而遭遇的"寒冰地狱"；有因为生前杀生吃肉而被巨轮碾压的"铁轮地狱"。可是，令人困惑的是，在这阴森恐怖的地狱里却有一个温和娴静的"养鸡女"形象，这是为什么呢？原来鸡要吃蚯蚓，人又要吃鸡和鸡蛋，这样都犯了杀戒，因果业报，死后一定要入地狱的，这确实是一个非常巧妙的构思。

除了庄严的佛菩萨和诸种神灵的造像外，赵智凤还细心地从生活中获取形象和故事来说明修行的要义。在宝顶大佛湾刻有一组十幅的"牧牛图"，就是用牛来比心，以牧人喻修行者来表现佛门弟子调伏心意的修证过程。

第一幅"未牧"，因为牛将要受牧人放牧，它昂首怒吼，想要向山上奔去，牧童只能紧拽缰绳与牛抗争；第二幅"初调"，牧童左手强拉缰绳，右手执鞭，牛虽然回头了，但却仍然倔强地与牧童相持不下；第四幅"回首"，牧童拉着缰绳，悠然自若，牛则轻轻侧过头，并无躲避之意；到了第五幅"驯服"，牧童们在会心地说悄悄话，牛也不再发怒，但它还是瞪眼竖耳，偷听着主人们的谈话；第六幅"无碍"，牛屈腿跪地，犟性已有所收敛，但仍然贪欲未断，正在伸颈喝溪水；第八幅"相忘"，牧人赤脚坐在崖石上怡然忘情，而牛也不顾其他，只是低头伸舌舔蹄；到了第十幅"双忘"，牛已经四腿跪伏，卧地而息，伸颈望着白云；而牧人则袒胸裸腹，也在酣睡。这时，就连头顶上方的小猴去抓他的衣服，他也毫无察觉。经过牧牛图的十组修证，修行者已有所觉悟，但毕竟还未证得佛果，还需要继续修行，于是在"牧牛图"之后，赵智凤又雕刻了以问法为主题的圆觉洞。

圆觉洞为大足石窟中最大的一个洞窟，菩萨还要修行达到觉行圆满之后才能成佛，圆觉洞内表现的正是文殊、普贤等十二尊菩萨依次向佛发问，由佛祖讲解圆觉妙理和观行方法的场景。

圆觉洞的左右两壁上分别刻有六尊菩萨，正壁上雕刻的是佛的三身像，在他的下方洞窟中间还圆雕有一个问法的菩萨，他实际上是一个替身，代表十二尊菩萨中的任意一个。圆觉洞的窟门上方凿有一个天窗，将外面的光线投射进来，正好打在问法的菩萨身上，既突出了问法的主题，又巧妙地解决了洞窟的照明问题。

为了处理洞窟雨天排水的需要，开凿者巧妙地在窟顶凿有一条隐渠，然后将水引入一老僧手持的碗钵当中，由此再注入暗沟排出洞窟。走进圆觉洞，洞内光线柔和，佛和菩萨个个端庄典雅，洞中四壁刻有奇峰怪石，云山雾海，遇有雨天便有流水滴答之声，让人倍感惬意，如入佛国仙境。

赵智凤从二十岁开始，就在大足宝顶山传教。他用了七十多年的时间，在宝顶山开凿石窟，构建密宗修行道场，直到他圆寂为止。

宝顶大佛湾的正中是释迦牟尼涅槃圣迹图，俗称"卧佛"，刻画的是释迦牟尼涅槃以后，他的弟子和诸位菩萨神灵前来送别的情景。这尊卧佛虽只雕

宋　张胜温　大理国梵像卷

图中所描绘的为佛家弟子阿难像。

出释迦牟尼的上半身，但已有三十一米长，民间流传着他脚踏泸州，手摸巴县，身在大足的说法。

在释迦牟尼的身体一侧躬身肃立着菩萨，护法等十四尊群像，他们犹如从地下涌出一样仅露出上半身，表情安详而略带哀伤，紧靠着释迦牟尼头的一侧有两尊塑像。专家们分析这很可能就是赵智凤和他的老师柳本尊。南宋末年，也就是赵智凤生命的最后几年里，蒙古军攻打四川，大足未免于难，县城废弃。从此，这里失去了川东南地区中心的作用，大足石刻也一蹶不振。

宝顶大佛湾的最后部分是"十大明王像"，明王是佛菩萨为降服妖魔而变化出来的威猛愤怒形象，其中的"大秽迹明王"雕刻得最为生动细腻，但他身下遗留的却是没有完工的斧凿痕迹，大佛湾的石刻造像至此戛然而止。

后世的人们无法确切地猜出原因，只是看着这些新鲜的斧凿痕迹，感觉到那些工匠好像才刚刚离开一样，但这一走，就是近一千年。

第六章
古堡迷踪

神秘的地道

1994 年 6 月的一天，村民张隋亮在修整自家地窖时，无意中打通了一个洞口，望着深不可测的洞口，张隋亮一时间不知所措。张家出现神秘洞口的消息不胫而走，但村中的人们却并不觉得离奇，因为在这个人口大约一千人的村子里，此前就有类似的洞口被挖出来过。

出现神秘洞口的村子叫张壁村，位于山西省介休市龙凤镇，与王家大院相距不远，但在很长一段时间里，其知名度却远不及王家大院的万分之一。这里偏僻闭塞，四周都是黄土高原，即使发现了神秘洞口，也没有引起太多人的关注。不过，在介休市棉纺厂工作的郑广根是个例外，他在得知张壁出现神秘洞口后，表现得异常激动。

郑广根之所以激动，一是因为他本就是张壁人，对张壁有着很深的情感；二是因为他在张壁度过的童年岁月中，一个很重要的记忆就和洞口有关。

郑广根记得自己小时候常与伙伴在村外的崖壁下玩耍，爬上树干就能清晰地看见崖壁上分布着一些奇怪的洞口。当时曾有几个大胆的孩子试图爬进洞去，但因为洞中通道交错复杂，什么光亮也没有，几个孩子只能凭着感觉瞎爬，结果爬了好长时间，也爬不出来，最后还是大人们打着油灯，连呼带喊地才把孩子们呼喊出来。

几十年过去了，这些奇怪的洞口一直是郑广根心中未解的疑团，如今张家又挖出类似的洞口，这勾起了郑广根心中揭开谜底的强烈愿望。这年秋天，郑广根正式退休，现在他有了足够的时间来了结这个未解之谜。稍作准备，郑广根便驾着马车回到了故乡。不过遗憾的是，郑广根并没有看到张家地窖里的洞口。据村里人说洞口已被封上，张家的人也都外出打工了。不过村民们又告诉郑广根，要看洞口，张壁村可多的是。

　　阔别故乡五十载，看来郑广根有必要花时间重新认识一下张壁村了。

　　经过几天的调查，郑广根发现村子里果然有各种各样的洞口，最常见的就是窑洞，这曾经是黄土高原上居民的一种古老居住形式，只是现在大多都废弃了；另一种就是地窖，地窖里冬暖夏凉，人们用它来储存东西，这在一般的农村也很常见；还有就是砖窑，张壁村比较偏僻，村里的建筑用砖都是自己烧制的，所以有很多烧砖用的砖窑。

　　不过，郑广根发现无论是窑洞、地窖，还是砖窑，它们内部的空间都比较有限，完全不同于他小时候看到的那些深不可测的洞口。思来想去，郑广根决定再到村外的崖壁上去看看，看那些孩提时的洞口是否还存在。

　　来到村外，郑广根发现村外的崖壁上那些洞口依旧赫然在目，这让他大喜过望，随后一个冲动的想法便涌上心头：何不进洞去探个究竟？为了这次探洞计划，郑广根做了充分的准备，他捆制了很多火把，又做了一些调研，并根据自己的身体情况精心选择了攀爬路线。

　　郑广根选择要进入的洞口并不难爬，但洞口附近已经坍塌，郑广根必须爬过狭窄的甬道，才能进到洞中。相比于狭窄的甬道，洞中完全是另一番景象，这里好像

张壁古堡地道

一个大厅，但厅内的地面已经出现干裂，头顶上的黄土层也分布着几条大裂缝，应该是遭遇过大水的浸泡。在大厅的深处，郑广根找到了继续前行的通道，从洞室的轮廓来看，地道显然不是天然形成的，而是经过人工开凿，通道内的空气沉闷，路径曲折，似乎永远没有尽头。

郑广根发现自己已经进入了一个地下迷宫，只能凭着感觉在黑暗中摸索，通道出现了许多分支，这时再想原路返回已经不可能了。忽然，一股劲风吹来，郑广根霎时感到了希望，有风吹过来就说明前方可能有出口。果然，郑广根看见了一点隐约的亮光，他赶忙朝着亮光走去，就在出洞的一刹那，他停住了脚步，因为他的前方就是深不见底的悬崖。

洞口的另一边也在村外的崖壁上，也就是说这些洞口实际上是相连的。这种不寻常的发现让郑广根陷入沉思，许久才回过神的郑广根意识到，自己刚才或许是在张壁村的地底下走了一圈。

初次探洞的历险让郑广根产生了更多的渴求，别的洞口和那些通道中的分支又通向什么地方呢？当村民们得知郑广根的探洞经历之后，一位老人把一个村外人所不知道的神秘洞口告诉了他。根据村民们提供的信息，郑广根决定再次行动，这一次的洞口是否也能通向村外的崖壁呢？

郑广根从村民家的地窖找到了被挖出的洞口，为了获得有价值的线索，他加强了对洞内环境的观察，他渐渐地意识到，地道的挖掘有过缜密的设计，洞壁上断断续续开凿着一些小坑，像是用来放置东西的，并且地道内每隔一段就会在侧面挖出一个大坑，这些大坑可能是休息和缓冲的地方。突然一阵猛烈的噼啪声，从他前方头顶上传来，尘土落定之后，郑广根抬头向前望去，这里竟然还有一个向上的出口连通着另外一层地道，刚才正是因为他的脚步震落了洞口边松动的土层。

这之后，郑广根小心翼翼地放轻了脚步，地道内变得越发寂静，很快他又隐隐地听到什么动静，立刻警惕起来。顺着水滴落来的方向抬头望去，一口黝黑的水井赫然出现在郑广根的眼前。郑广根的新发现震动了整个张壁村，村里人第一次知道水井里也有洞口。

经过一段时间的调查，结合村民们和自己的探洞经历，郑广根得出了一个初步结论，张壁村下面的地道至少分为三层，村里和村外的洞口基本上都互相连通，有的地道可能通往村外更远的地方，只是由于塌陷而不知通向何处。

村民们被这个发现给震惊了，多少年来他们在这片土地上劳作生活，竟然没有人知道在村子的地下有着一套庞大而复杂的立体地道网。不过，地道的发现也为郑广根带来了新的疑问，是谁挖掘的这些地道？他们要用这地道来干什么？

封闭的堡垒

由于地道内没有发现任何线索，问题的解答也无从下手。介休市历史文化研究专家王融亮在得知郑广根所遇到的困惑后，建议他到张壁村地面上的建筑中去寻找线索。王融亮的建议带给郑广根一些启发，他开始重新审视张壁村，希望能在那些司空见惯的砖墙之中找到一丝线索。

这天，郑广根正在村中散步，一堵砖土相接的高墙挡住了他的去路。郑广根上下打量这堵高墙，发现左边的土墙似乎并没有什么作用，为什么还要修建在这里？带着疑问，郑广根沿着土墙继续向前慢慢探寻，渐渐地，他便来到了村外。这里有的土墙已经坍塌，虽断断续续但仍然显出了它的走向。沿土墙走了一圈之后，郑广根发现这些土墙大致构成一个环形的轮廓，村民们都居住在这个轮廓里头，也就是说，张壁村是被包裹在一层坚固的城墙之中的。

这圈厚厚的城墙让郑广根再次感到惊讶，因为堡墙在中国的古建筑中，大多出现在大城市或战略要地的周围，像张壁这种偏僻的小村子，怎么会出现这种坚固的堡墙呢？郑广根继续沿着村子探寻，并在村子的北门外发现了一些特别之处，在北门门洞之后还有一堵城墙，城墙的一侧是另一个城门，也就是说，这里一共有两堵城墙、两个城门。

在中国古代城市建筑中，把建于城门外的城墙和城门叫作瓮城，但一般只有在重要的城池才会修筑瓮城，为什么张壁这个小村子也会有呢？瓮城和城墙让郑广根意识到张壁村在历史上，或许作为一个重要的城池存在过，他决定继续在这瓮城中探寻一番。

走进城门之后，张壁村被几大巷道分开，村民的住宅都位于巷道之内，在巷道口则有巷门把守，如果巷门关闭，那么每条巷道又成为一个坚固的封闭空间。村中遗留的老式住宅也很有特点，大多是高墙外院自我封闭。一般来说，中国的古代城市修建了坚固的城墙，城池内部的建筑格局就会变得开放，但在张壁，除了外部城墙之外，内部的建筑也相对封闭，如果每一道关口都被卡死的话，外人想要进入村民家中，至少需要冲破城墙、巷门、院墙三道防线。

望着这些高大的建筑，张壁曾有的布局慢慢在郑广根脑海里浮现出来，整座古堡沿黄土台地建造，四周被高大的城墙包围，堡外三面都是峭壁陡坡，只有堡南设有向外的通道，古堡内巷道纵横，高墙林立，整个张壁可谓是易守难攻，退进有路。郑广根做了一个大胆的猜想，历史上的张壁不只是一个普通的农业村落，也不是一个简单的城池，它实际上是一个封闭而坚固的军事堡垒。

地上建筑带来了这些启发，立刻让人联想到地下错综复杂的地道网络，它们是否也是出于战争的需要而挖掘的呢？带着这一疑问，郑广根再一次来到地道内探查，这一次很多设施的作用就明晰了：洞壁上每隔一段出现的小坑是放置油灯用来照明的，通道侧面出现的洞穴可能是地道的哨位，而那些比较大的洞穴则可以用来储存粮草或让官兵休息、指挥作战，至于地道和村中的井口相连，可能是为了保证城堡陷落后人们躲在地道内也有充足的水源供应而设计的。

这一次探索郑广根还发现，在地道和外界之间原本有一些打通的小孔，既可以通风，又可以传递信息。此外，某些地段还挖掘有伏击口，可以进行出其不意的伏击。更为有趣的是，地道内还挖有陷阱，即使敌人进来之后也会葬身于此。

　　将地道与城堡联系起来，张壁就变得更加神秘了。地上是壁垒森严的城墙，地下是四通八达的地道，这个明堡暗道式的军事要塞暗示着张壁曾上演过一场浩大的战争，经历过一段不同寻常的历史，但是现在的张壁村仅是一个偏远闭塞的小村落，很难想象它曾有过叱咤风云的过去。为什么会有人在这里排兵布阵大动干戈？他们又是谁呢？想要知道这一问题的答案，最直接的方法就是去史料中寻找，因此，郑广根带着已收集到的证据，向介休地方史志研究专家侯清柏求助。

　　根据侯清柏的介绍，张壁村本身并没有专门的史料记载，可供查询的只有张壁所属的介休市一本清嘉庆年间编纂的《介休县志》。不过，在这本县志中并没有张壁有明堡暗道的记载。这样一种规模的建筑竟然在史料中找不到任何文字记载，专家们也觉得不可思议，他们仔细琢磨之后，认为可能有两种原因：一是这种堡垒式建筑在某个时期很普遍，因此不值得载入史册；二是古堡的建造者是个失败的人物，他还没有机会将自己的秘密公布于众，就从历史上消失了。

　　面对一筹莫展的郑广根，侯清柏建议他到张壁周围的地区去看一看，说不定附近有类似的建筑，也能提供一些新的线索。沿着这一条思路，郑广根很快便走访了附近的城镇和村落。他发现这些村庄虽然很闭塞落后，但都修有十几米高的城门楼，而且经过仔细的勘察之后，确证村子的四周的确也留有黄土城墙的遗迹，那么这些村子底下也挖掘有地道吗？

　　当地的村民给出了肯定的答案，但遗憾的是那些地道大多都已被毁坏，今天已无从探寻了。王融亮听到了郑广根在别处查找地道的消息，忽然也想起自己小时候经历过的一件奇事来。他记得从小自家院墙之后就有一个莫名的黑洞，大人们吓唬他说洞里头有妖怪，这正好刺激了他和小伙伴们的好奇心，有一次他把家里的鸡绑着吊到了黑洞里，鸡下去以后没多久就死了，人们误以为是里面有妖怪，但其实鸡是因为洞中缺少氧气才死的。

　　如今，王融亮所说的洞口也已经不复存在了，但郑广根认为，这种明堡暗道式的筑城方式很可能就是当地的一种建筑习惯，只不过张壁村保存得更完整，其他村落没有保存好而已。不过，依然有一个疑问困扰着郑广根，人们修建住

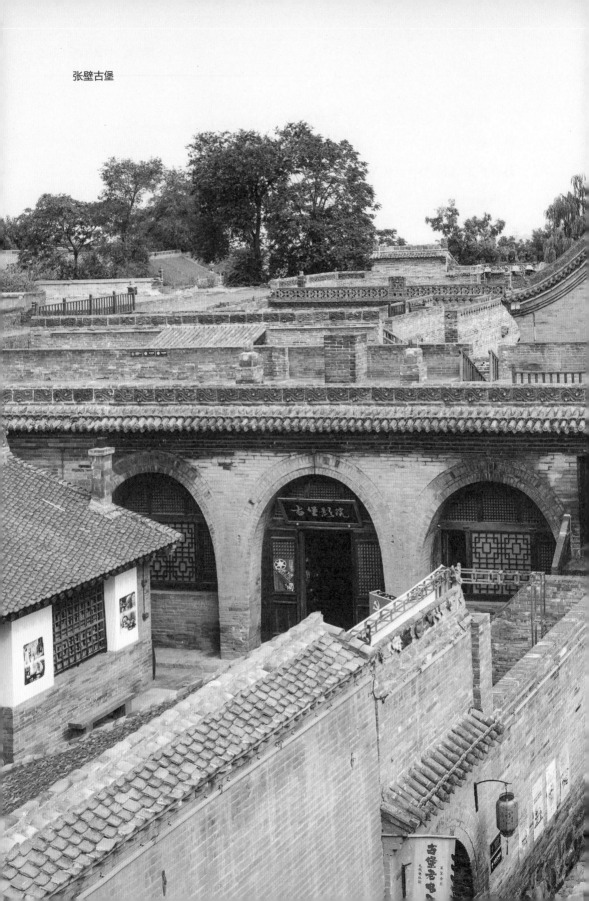

张壁古堡

宅都以方便自己的生活为首要目的，而介休附近的这些村落都是以农业为主的村子，封闭式的建筑结构并不方便他们外出耕作，那为何这里又会有这么多的封闭式建筑呢？带着这个疑问，郑广根继续着自己的探查之旅。

特殊的石碑

这天，郑广根来到一个叫北贾村的村子，当地人告诉他一条新线索，村子之所以有堡，是因为以前这儿的主人富甲一方，修筑堡垒既能显耀自己，又可防土匪抢劫。这一说法引起了郑广根的注意，村民的说法有事实依据吗？在史志专家侯清柏的帮助下，他们找到了北贾村一户侯姓人家的家谱，家谱上记载，侯家在明清时期的确是介休首屈一指的大户，侯家的三兄弟曾经在北贾村建立商屯，发家之后又将商屯改建为三个堡垒。

为了调查张壁古堡是否也是出于同样的原因而修筑的，郑广根回到张壁重新进行调查，经过一处老宅子时，郑广根被影壁上的一个"福"字吸引住了。这个"福"字鹤头龙身、威严无比，一看就非一般人家所能拥有，而在影壁正对面的宅门更是修建得气派不已。从这种种迹象来看，这里的主人当年很可能富甲一方、煊赫一时。

一番询问后，郑广根得知这里原来是一个叫张礼维的大户人家的院子，至于张家是否富甲一方便不得而知了。这时郑广根想到也许能像北贾村一样，在张壁村的宗谱宗祠上找到一些证据，可令人遗憾的是，虽然留有几座宗祠，但偌大一个张壁村竟然找不到一份完整的宗谱。

中国传统社会对祖宗一向敬畏有加，甚至超过了对神佛的敬畏，张壁村为什么却对宗谱和宗祠如此不重视呢？难道这与它的特殊历史有关？关于这些问题，王融亮为郑广根提供了一个新的提示：记载张壁内容最多的文字资料，既不在史籍上，也不在宗谱上，而在另外一种特殊的载体——石碑上。

根据王融亮的提示，在村民的指点下，郑广根在村中的庙宇中找到了很多石碑，其中一块石碑上正刻有"张礼维"三个字，下面还记叙了张家为修建庙宇而捐款的事迹，这说明张家当时的确十分富有。郑广根对其他石碑的内容也一一做了记录，他发现石碑的年代大都为明清时期，记载的都是村民捐款的事，石碑后面则刻有捐款人的姓名和商号，这些商号尤其引人注目，它说明当时张壁有很多人在经商，而且规模还不小。

石碑上的记录印证了张壁曾经有不少富人，结合附近村落的情况，郑广根得出了"张壁古堡正是由当地富商捐资所建"这一结论。不过，在得出这一结论的同时，郑广根又感觉到很纳闷，张壁村交通闭塞，山水贫瘠，怎么会产生如此多的富户呢？这一问题从山西的历史中可以找到答案。

明朝末年国力贫弱，山西正好位于明王朝实际控制线的北方边境上，朝廷在北疆设立了很多军事防御体系，当地人便借着供应军需物资的机会开展贸易、发家致富。这之中的一些人后来便成为在山西乃至全国都引人注目的晋商。

晋商主要发源于山西的晋中盆地，多集中在太谷、祁县、平遥、介休一带，财富殷实的商人们首先想到的就是扩建高大的城墙，修起威严的城门，这既可以显示他们的地位，又能防范盗匪的劫掠。在张壁村一篇康熙五十年的《关帝庙重建碑记》中，写有"我等遭明末之时贼寇生发寝不安席"的文字，可见明清时期这里确实经常受到贼寇的侵扰，所以乱世之中的富商们才会出重资筑堡以求平安。

在专家们的帮助下，通过石碑上的铭文，借鉴附近村落的历史，郑广根终于得出一个结论：张壁村的明堡暗道正是明清时的晋商所建。如此来看，郑广根的张壁探秘之旅似乎要圆满结束了，此刻郑广根的内心却并不畅快，这些高大的城墙和复杂的地道网络仅仅用来防止土匪的偷盗，是否显得过于夸张？郑广根隐隐觉得张壁的秘密还埋在黄土之下，他并不甘心就这样结束自己的探索，又反复研读了村中石碑上的铭文，他发现在《关帝庙重建碑记》上记录的捐助人当中，竟然有五十个姓氏，而在另一块石碑上的捐助人也有四十一个姓氏，可见张壁实际上是一个杂姓村，所以才会出现宗族关系很弱、宗族观念淡薄的情况。

张壁这个以张为姓的村子，为什么会成为杂姓村呢？杂姓很显然就是由人口频繁流动造成的，在中国古代的农业村落中，大规模的人口流动不是因为天灾就是因为战争。战争？郑广根再一次咀嚼着这个词汇，只有战争才能和工程浩大的城墙与错综复杂的地道相匹配。

郑广根的怀疑得到了专家们的认可，翻开历史，中国最重要的帝都绝大多数都在山西周边，西南方有长安、咸阳，南方有河南的开封、洛阳，东北方有北京，而山西以北则是强悍的少数民族盘踞地，正因如此，历代政权便都以山西为屏障，这也导致这里战争不断。虽然没有任何文字记载张壁和重大的历史事件有直接关系，但有没有可能在晋商出现之前，张壁的明堡暗道便已经出现了呢？带着新的疑问，郑广根再次开启了自己的张壁探秘之旅。

过往的印迹

这一次专家们为郑广根提供了一条新思路：张壁的壁字就是堡垒的意思，这说明此地叫"张壁"的时候，堡垒的形制已经形成，那么要追寻张壁古堡形成的年代，直接查证村中建筑物的最初建造时间便可以了。

专家们的这种推理可能存在着疏漏，但在资料匮乏的情况下，也不失为一种可选择的方法。于是，张壁村中的古建筑成为解答谜团的新线索，郑广根按着这条新思路重新开始调研。在村中走了一圈后，一个施工场地引起了郑广根的注意，这里本是一个废弃不用的旧戏台，但令人纳闷的是，张壁村并不富裕，为什么还要花钱翻修它们？施工队的包工头向郑广根透露了原因，原来是前不久几位建筑专家来此考察时发现这个戏台具有较重要的文物价值，因此才筹集了款项进行维修。

郑广根进一步核实，得到了肯定的答案，这个戏台应该是元代的建筑，判定的主要依据是戏台的建筑具有移柱现象。所谓移柱是指古代庙宇式建筑中大厅内都有几根位置相对固定的支撑柱，移柱就是将它们向两边挪移，从而使大厅显得更加宽敞，这种建筑方法在元代最为常见。

戏台是过去村民们聚会休闲的地方，如果它是元代的建筑，那么张壁村至少在元代的时候就已经存在，这比晋商所处的明清时期又向前推进了一步。元代是个和战争相伴随的年代，蒙古族在对中原进行征服和统治时期，各地频繁出现反抗斗争，无论是战争中的哪一方，都需要强大的军事要塞来保护自己。但仅凭一个戏台来推演这背后的一切还显得有些单薄，郑广根需要用更多的证据来证实这个猜想。

正在这时，张壁村西南的砖厂在挖土制坯时，无意中发现了一座墓葬，据说墓葬风格独特不像是汉人留下的。这立刻触动了郑广根敏感的神经，在考古专家进驻之后，郑广根也有幸参观了墓室。

沿着昏暗的甬道，郑广根来到墓室之中，墓室呈圆形，四壁雕有彩绘和廊檐。尤为奇特的是，它的顶部是一个土砖逐层垒砌的穹顶，整个墓室给人直观的感觉就像草原上的蒙古包，那么墓主人是否就是元代的少数民族呢？仔细观看这些壁画上的人物可以发现，他们的服饰和相貌似乎和汉人不同，但差距也不是很大，所以仅从这一方面并不好判断墓室主人的身份。

在墓葬清理工作快要结束的时候，考古人员在墓室中找到了一块墓志，墓志用汉文记载，但在标明纪年的那一行文字上，由于颜料脱落、字迹残缺很难辨识，这是墓室内郑广根最需要的信息，一时间却得不到答案。数天之后，在专家们的探讨之下，墓志上的那几个字得到了确认——大定四年。对于专家来说，他们很清楚明清两朝之中并没有大定这个年号，而且元朝也没有，那么这个陌生的年号，应该属于哪朝哪代呢？

据史书记载，大定是金世宗的年号，大定四年则相当于南宋孝宗隆兴二年，也就是说这个墓葬是在1164年修建的。更令郑广根惊喜的是，经辨识墓志上还写有"汾州灵石县张壁村"的字样，这就是说古墓修建之时张壁村就已经存在了。

古墓再一次将张壁的历史向前推进，它表明张壁不仅在南宋时期就已存在，而且处于金朝的统治之下，其实当时山西的大部分都被金朝吞并，异族统治者显然要面对当地人的反抗，加上北面蒙古部落和南面南宋王朝的夹击，山西正好成为各种势力角逐的战场，在战马悲鸣、烽火连天的土地上修建古堡和地道这样的军事设施进行防御，也就不足为奇了。

那么在史书上，这段乱世之中张壁又扮演着怎样的角色呢？由于当地最早的县志是清朝时期编写的，对金朝时期的历史记载得很少，而且并没有发现与张壁有关的内容。这个结果不再令郑广根遗憾，因为现实中的证据说明，即使史书上没有记载，张壁的历史依然存在，倒是没有被写进史书的事实，暗示着这里还隐藏着更大的秘密。郑广根渐渐意识到，张壁古堡和地道的建造者不在明清、不在元代，甚至也不在南宋，这个令人兴奋的想法就像黑暗中的火焰，引领着他到更深远的历史之中去寻找答案。

尘封的历史

清朝的石碑、元代的戏台、金朝的墓葬，张壁古堡的历史在郑广根手中一点点往前推进。但是随着时光的倒退，迷雾也越来越厚重，古堡虽然在南宋时期可能已经存在了，但它的历史还能向前追寻吗？

由于缺乏史料记载，郑广根采用了一种曲折的调查方法，利用寻找村中古建筑物的年代间接地求证古堡的修建年代，在这些古建筑当中最为引人注目的就是庙宇，张壁村仅有两百多户人口，庙宇却有二十多个，在这众多庙宇当中，位于全村制高点上的圪塔庙最为突出，圪塔庙是村中古建筑群的主体，也给儿时的郑广根留下过深刻的记忆。郑广根记得小时候他常常独自一人溜进庙里，庙里供奉着两尊人像，中间的一尊由于坍塌残缺而无法辨认了，旁边的那一尊虽然还在，但因为常年的烟熏火燎而显得黑暗阴沉。如今大堂内的两尊人像都已残破不全，不过香火依然旺盛，看来圪塔庙在村民们的心目中还是非同一般的。那么，那个曾令郑广根感到可怕而神圣的黑色人像，会是谁呢？

在张壁村中央的小广场上，长着一棵叫作槐抱柳的奇怪古树，一棵柳树从槐树的中心长出，两棵树都茂密旺盛，树下正是人们谈天散步的好去处。

当郑广根在这里向村民询问黑色人像的事时，很多人竟然说不太清楚，回想起庙里香火旺盛的情景，郑广根很疑惑村民们竟然不知道自己供奉的是谁，或许张壁村的变迁过于频繁，人们延续了以前的生活，却并没有记住以前的历史。

郑广根不甘罢休继续询问村民，后来几位老人告诉他：黑色人像就是年画中贴在门上手持钢鞭的门神。中国传统的门神一个是持铜的秦琼，另一个就是手持钢鞭的尉迟恭，两人都是隋末唐初的名将。但尉迟恭在别处是用作年画贴在门上的，为何到了张壁就成了庙中供奉的塑像了呢？

郑广根在圪塔庙外搜寻，看到了一块石碑，石碑的题记为《重修可罕庙碑记》，这就是说圪塔庙实际上叫作可罕庙，可罕是中国古代少数民族对自己首领的称呼，为什么张壁会有一个供奉着汉人的可罕庙呢？看来只有弄清楚可罕指的是谁，才能真正了解到这座庙宇的修建时间。

在村民们口中，可罕又被称为鞑靼，在史书中，鞑靼泛指蒙古人，是蒙古族的一支，主要指明清时代出现的一支独立的军事力量，当时的鞑靼正盘踞在山西一带，希望再入中原，恢复元朝的统治。

郑广根又仔细研读了碑文，他找到了其中的一句话：此村惟有可罕庙，创自何代殊不可考，而中梁书延祐元年重建云。

清　佚名　尉迟敬德像

唐朝名将，官至右武侯大将军，封鄂国忠武公，是凌烟阁二十四功臣之一。

经过查证，延祐正是元朝的年号，这句话是说：村子中最早出现的庙宇就是可罕庙，最初建造的时间不得而知，但在元朝曾重建过一次。

对于这一发现，郑广根感到既兴奋又混乱，兴奋的是如果找到可罕庙的建造年代，就差不多找到了张壁村出现的年代；而混乱的是石碑中的纪年和村民们所说的鞑靼，又存在着时间上的错位。经过一段时间和村民们的交流，郑广根渐渐意识到中国老百姓所说的鞑靼，实际上是对古代少数民族的一个泛称，并没有特定族别和时间的限定，和史书上的称呼并不吻合。

这么说来，可罕庙在元代之前就已经存在是没有问题的，而在元代以前统治或部分占领过山西的少数民族很多，东汉时有南匈奴，三国时有羌，北魏时有鲜卑，隋唐时有突厥，北宋有契丹，南宋有女真，这可罕庙究竟是哪一个民族建造的呢？在这一问题之外，还有一个问题同样困扰着郑广根：既然是少数民族的庙宇，为何供奉着一个隋唐时期的汉人？会不会是后来的汉人重新占领张壁的时候，保留了以前的建筑却换上了自己的神灵呢？

郑广根的猜测基本上遭到了否定，因为《重修可罕庙碑记》里记载：夷狄之君长也，以我中国人祀之，礼出不经，其精英至今在，其德泽至今存，泽补葺安可废，而祀典又安可缺耶？这说明虽然本不应该祭祀这位可罕，但他毕竟曾护卫过这一方的平安，所以村民们才经常维修而没有把庙宇废弃。

村中老人告诉郑广根，要说年代久远的古建筑，除了可罕庙以外，张壁村外还有一座古塔，当地人称为秦王塔。秦王正是唐太宗李世民登上帝位前的封号，郑广根立刻联想到尉迟恭恰恰是李世民手下的得力战将，正是在他的协助下李世民发动了玄武门之变，开创了大唐王朝的基业。秦王塔和可罕庙遥相呼应，把张壁的历史拉到了群雄纷争的隋唐时代。

未解的谜题

介休这个地方地理位置比较特殊，是兵家必争之地，自古以来发生了好多场战争。其中规模最大的一场，还要数隋末唐初时期李世民和尉迟恭的那场度索原—雀鼠谷大战，这场战争打了整整一年，涉及介休半个县，双方兵力达到十几万人，最后以李世民的全面胜利而告终。

对于这段历史，郑广根很迷惑，尉迟恭本为李世民手下的爱将，为什么他们会在介休发生战争呢？在介休市一个叫后土庙的地方，王融亮让郑广根看了一块残碑，碑文中记载当年尉迟恭确实曾在介休附近征战，而他对抗的就是李世民，后来尉迟恭感动于李世民的文治武功，便投降唐军，成了唐朝的一代开国功臣。

在投靠李世民之前，尉迟恭效忠的是赫赫有名的叛将刘武周，刘武周是隋末地方割据势力之一，几乎占领了山西全境。刘武周自立为王后曾大败唐军，令关中大震，尉迟恭则为他把守当时最重要的军事关口介休。为此，唐武德三年，李渊才派秦王李世民，率军数十万在介休与刘武周展开生死决战。为何一个地方割据势力却能称霸一方，撼动李家王朝呢？

王融亮在《旧唐书》中找到了答案，隋朝末年，北方突厥势力强盛，刘武周虽然自立为王却向突厥称臣，突厥还册封他为定杨可汗，正是依靠突厥的扶持，刘武周才能迅速发展壮大。厘清了这些历史关系，郑广根心中豁然开朗，既然可汗庙中

宋　佚名　唐太宗立像

唐朝第二位皇帝，伟大的军事家，卓越的政治家，著名的理论家、书法家和诗人，堪称"千古一帝"。

偏殿塑的是尉迟恭，那么主殿上已经塌毁的人像便是刘武周了。刘武周虽为汉人，但他接受了突厥的册封，被供在可罕庙里也就不足为怪了。

介休来过好多北方少数民族的统治者，但是像刘武周这一个级别的，又在这里活动比较长时间的，却没有多少。郑广根听老人回忆说，以前村里还立有一头石狼，这进一步说明了刘武周和突厥人的关系，因为狼正是突厥人的图腾崇拜，突厥人册封刘武周为定杨可罕时的战旗，就是一面狼头旗。

李世民和刘武周的战争声势浩大，意义深远，因此在各种史书上都有记载。刘武周利用介休境内的绵山作屏障，顺着黄土高原的地形修堡垒挖地道，建造防御设施也在情理之中。

在张壁村里的西南角，有一条巷道叫西场巷，村民们说它的名字就来源于那段历史。传说当年这里是刘武周练兵的校场，地方很大、很宽敞。而在张壁村附近还有一对村子的名字也非常有趣，分别叫东欢村和西欢村。据说，李世民击败刘武周后，受到了这两个村子百姓的夹道欢迎，就这样，两个村子便更名为东欢和西欢了。

刘李大战的关键性一仗，是在介休城南绵山之中的雀鼠谷展开的。雀鼠谷是一个险要的山口，距张壁村不到四十里地，与李世民直接对阵的是刘武周的妹夫宋金刚。《介休县志》记载，宋金刚溃败之后落荒而逃，唐军势如破竹，乘胜追击。李世民率军追到张南这里时，宋金刚却像凭空消失一般不知去向。

过去的人们都以为史书中记载的张南就是现在所说的张南镇，但有的志书里面却称此"张南"非彼"张南"。若史书中的张南并非指张南镇，那这个"张南"就很可能是张壁。按照王融亮这般猜测，宋金刚很可能在来到张壁后，钻入了地道之中，所以李世民找不到他的去向。

经过近一年的考证，史志专家们和郑广根终于舒了一口气，他们的目光停留在了隋末唐初这段历史上，李世民和刘武周的战争，为张壁的明堡暗道找到了一个有分量的答案。

张壁村三面环山，伴有深沟险壑，只有村南有通路，刘武周的守兵只要盘踞其中，坚固的城墙，防守严密的巷道，便可使唐军难以侵入。即使古堡陷落，守城士兵也可以马上转入地下，在三层结构的地道网络中穿梭自如。他们可以利用哨口传递消息，利用伏击口打击敌人，如果敌人进来便有陷阱伺候，地道内有粮仓，还有供将士们休息的地方，即使不用出去，照样可以从井中打水，万一地道被攻破，他们还可以通过与介休县城以及其他村落相连通的地道迅速转移，悄无声息地逃脱。

但天下一统毕竟是历史的大趋势，刘武周的军队早在雀鼠谷就已经惨败给李世民，或许张壁古堡并没有来得及发挥它的军事作用，只是成为败军逃脱的通路。刘武周兵败之后投奔突厥，一直想回归故里东山再起，但最终还是被突厥所杀，后来他的首级虽被安葬在介休城南，身子却永远留在了漠北。介休境内有很多纪念李世民丰功伟绩的建筑物，但为什么还会有专门供奉刘武周的庙宇呢？其实刘武周和李世民家族同为隋末起义军，他开仓放粮，救济百姓，当地人民也很爱戴他，所以他虽为败军之将，后人还是没有忘记他。

如今当地的村民们都接受了古堡和地道是刘武周所修建的观点，但通过如此多的假设间接求证得来的结果，还是让专家们心有余悸，很多问题依然得不到解释：刘武周是如何在短短十个月的时间内修建了这样复杂的军事工程的？尉迟恭作为镇守介休的大将，在投靠李世民之后，难道一点都没有提及地道的事？史书上为何也没有对这里的地道和堡垒做任何的记载？

或许推论的前提本就不正确，地道和堡垒根本就不是同一时期由同一人所建，这些问题的谜底还需要单独去寻找，但是直到今天，除了隋末唐初这段历史，专家们还是没有找到更可靠的答案。

1995 年初，村民们已经筹集到足够的钱，开始给可罕庙中的刘武周和尉迟恭重新塑像。4 月本是草长莺飞的季节，但是天气骤然转冷，一场大雪袭击了介休，整个张壁村笼罩在茫茫白雪之中，四处一片萧瑟。或许这正如历史真相一样永远也不为人所预料，只是悄无声息地掩藏在漫天飞雪之中。

第七章
金川战碉

败 仗

故宫博物院中收藏着十六幅两百多年前绘制的图画，这些图画记录了一场残酷的战争——第二次金川战役。战争的一方是两百多年前正处于盛世的清王朝，志得意满的乾隆皇帝统治着当时世界上最强大的帝国，另一方则是两个只有几万人的小小部落大小金川。这是一场力量悬殊的较量，然而战争的进程却十分出人意料，原以为能够轻松取胜的战争，却整整用了 5 年时间才结束，清王朝也为此付出了惨重的代价。

一场力量对比如此悬殊的战争，为何会进行得如此曲折？这一切还要从战争发生地的特殊之处，也就是中国西部青藏高原和四川盆地接壤地带，那独特的自然地理环境说起。

第二次金川战役的战场，位于今天四川省的大金川和小金川地区，这里的大小金川土司和当地其他土司之间挑起战端，乾隆皇帝认为必须要确保这一地区的稳定，所以下令出兵平定。乾隆派出两路大军进攻大小金川，一路由温福挂帅经卧龙、巴朗山，从大小金川的东部进攻；一路由桂林统领经打箭炉，也就是现在的康定从南部发起进攻。

刚刚踏上川西的土地，清军就领教了这里异常险要的地形，这里万山连绵，千峰峭立，山川并列，沟谷纵横，放眼望去连交手的对象在哪里都找不到。

南路军桂林手下的将领薛宗带领五千人的先锋部队，来到了一个名叫乱水湾的地方。这里水流汹涌，山势险峻，地形异常险要。在渡河作战中，清军的数次进攻都被金川兵瓦解，最后还是靠连夜摸黑过河，才成功攻下这里。而后行军至关州，薛宗的部队又遭到了金川兵的猛烈进攻，最终还是依靠着人多的优势才顺利过关。

　　在越过乱水湾和关州之后，薛宗率部来到麦龙沟，这里是一处山谷，越向内走，山势就越陡峭，沟谷也越狭窄。薛宗率领着五千兵士（三千清兵和两千土司兵）进入山谷，遭到了金川兵的合围偷袭，最终近三千兵士葬身于此。据史书记载，麦龙沟的河谷中都是尸体，河水都被染成了红色。

　　近三千人战死，可是在给大清王朝这"康乾盛世"抹黑，乾隆皇帝非常愤怒，很快便裁撤掉桂林，改用阿桂作南路军的总指挥。乾隆三十七年，阿桂统领的南路军与温福统领的西路军合兵攻打小金川土司的美诺官寨，小金川土司放弃官寨逃跑，清军占领了整个小金川。然后乾隆任命温福为主帅和阿桂等人分三路人马向大金川发起进攻。

　　很快温福带领的军队开进到木果木，三路大军的后方则是底木达，这里由清军将领董天弼带人守卫，他肩负着保障三路大军后方安全的重要使命。在底木达有个叫火药坪的地方，这里是清军进攻金川的战略要地，但董天弼却认为清军几万大军已经顺利通过这里，所以便没必要在这里集结重兵，他忽视了金川兵发动袭击的可能性，也因此付出了代价。

　　乾隆三十八年六月初的一天，金川兵在夜半时分潜入火药坪，将驻扎在附近的

清　沈贞　紫阁元勋阿桂像

阿桂是清朝政治家，军事家，著名将领。定伊犁、讨缅甸、平定大小金川，战功赫赫，封诚谋英勇公。

清军团团围住。董天弼在战斗中被金川兵打死，几千清兵也在这场战斗中身亡。丢掉了底木达，清军先头部队便失去了后方的保障，驻扎在木果木的温福也完全陷入被动。

在拿下底木达后不久，金川兵便从多个方向向木果木发起进攻。在经过了十多天的激战后，五千多清兵葬身木果木，温福也未能幸免。至此，清军遭遇了此次战役的最大惨败，战役的最高统帅温福战死沙场。

在现在的抚边乡，有一块石碑名为皇清恤赠太仆寺卿岚溪王公殉节碑，是温福的后人为战死的温福所立。这块石碑的前一部分是对温福生平的介绍，后一部分则写着温福战死于木果木后，其子为其立碑的坎坷经历。不过，这块石碑虽然立在这里，但温福的尸体并未埋葬在此。在木果木的山谷中，有成千上万的清军战死，他们永远留在了这里的崇山峻岭之中。

温福战死的木果木在一条十分狭长的山谷中，道路极为难走。在这条山谷的另一端，有一个名为卡撒沟谷的地方，这里耸立着两座战碉，它们就像两名卫士一样，占据着有利的地势。碉楼中的士兵只要用火枪和弩箭，便可以轻易封住河谷中的道路。

这种当地人用黄泥和石块建起来的堡垒高度能达到几十米，堪称建筑史上的奇迹，在整个金川战役中，清军一直找不到很好的办法来攻破这些战碉。可以说，碉楼的存在是金川战役持续了五年的一个重要原因。

战　碉

卡撒沟谷的战碉由于占据着有利地势，成为清军难以攻克的堡垒。进入战碉内部可以发现，其中可供人藏身的地方很小，这与其硕大的外形有些不太相称。按照外形估量，这座战碉的内部，至少应该有四个大格子间才对，那其他的格子间都在什么地方呢？在砖墙的对面，也就是说，这座战碉的内部被分隔成了并不相通的几个空间，这样一来，在战斗之时，即使敌人攻入了战碉内部的某个格子间，其他格子间的人也可以选择还击或逃跑，不至于被一网打尽。

卡撒沟谷的战碉只是金川战场上众多战碉中的一个，进入金川战役的主战场大金川后，清军遇到了更多、更难攻破的战碉，这些战碉要么占据着有利位置，要么坚固异常，给清军带来了不小的麻烦。

庆宁乡是大金川重要的粮食产地，也是大金川土司严令死守的地区。在这里，清军与金川兵发生过激烈的战斗，这一点从庆宁留存下来的两座战碉上斑驳的战争痕迹中便可以看出。

庆宁的战碉与卡撒沟谷的战碉一样，都占据着战场上的关键位置。进入战碉内部，也可以看到墙壁上的一些孔洞、横木和格子间，不过这座战碉的格子间并不是封闭的，而是一个通道，人踩着木头就能上到顶去。在另外的格子间中，也能发现同样的设计，也就是说，金川人在设计这个战碉时，在其中开辟了两个像密室一样的通道，这些通道可能会通向其他地方，也可能是为了应对敌人入侵做出的专门设计。

越是靠近大金川土司的所在地，战碉的数量就越多。勒乌围是大金川土司的一处重要官寨，这里距离大金川土司索诺木的大本营噶拉依官寨只有三十公里，是索诺木最后的一道屏障。在这处官寨周围有许多村子，这些村子碉楼与民房相连而建，数量极多，为清军的进攻造成了不小的阻碍。

得胜村是勒乌围周边的一个村子，这里碉楼林立，是清军进攻勒乌围必须攻破的屏障。最初清军选择用劈山炮来轰击这些战碉，但效果并不太好，无法对战碉造成毁灭性打击，现在留存下来的战碉上那些明显断裂的石头便是劈山炮轰击造成的。这之后，清军制造了更好的炮，名为冲天炮，这种炮力量很大，可以击碎战碉外壁，进入战碉内部后再爆炸，一些留存下来的战碉上的大窟窿，便是由这种炮造成的。

仔细观察可以发现，得胜村一些留存下来的战碉与房子相连而建，依靠一条小通道连接。如果有敌人攻进房子中，金川兵便可以撤入战碉里，并将通道堵死。而当敌人突破通道，进入战碉后，金川兵还可以转移到更高层的平台，并将低层的独木楼梯拆掉，这样便可以居高临下地对敌人发起攻击，

清　徐扬　平定金川战图册之攻克康萨尔山梁

清　徐扬　平定金川战图册之攻克科布曲索隆古山梁等处明寨

清 徐扬 平定金川战图册之攻克罗博瓦山碉

清 徐扬 平定金川战图册之攻克木思工噶克垭口

清　徐扬　平定金川战图册之攻克石真噶贼碉

清　徐扬　平定金川战图册之攻克宜喜达尔图山梁

清 徐扬 平定金川战图册之攻克宜喜甲索等处碉卡

清 徐扬 平定金川战图册之攻克罄则大海昆色尔山梁

颇有一种"引君入碉，碉中捉鳖"的意味。

乾隆三十九年，得胜村两侧的山头已被清军两支部队占领，两支军队可以遥相呼应，山下的河谷也完全进入了射程之内。清军占据了绝对的主动，他们在山上架起大炮，对山下金川兵的碉楼进行炮轰。即使拥有炮火助阵，勒乌围战碉坚固的防御体系依然给清军的进攻带来了不少困难。最终清军花费了九个月的时间，在付出了极大代价后，才艰难攻破勒乌围，将战线向前推进了二十余里。

在拿下勒乌围后，阿桂并没有直接进攻索诺木的大本营噶拉依官寨，而是绕过噶拉依先对南部的马尔邦官寨发起进攻。马尔邦是索诺木南面最重要的官寨，这里山谷狭窄，地势险要。借助地形，索诺木对这里进行了精心营造。从目前残存的碉楼能够看出，山谷的沟口两侧有高碉守卫，沿金川河岸往南也有碉楼屏障，遥遥相对的还有一座49.5米高的碉楼，它是目前嘉绒藏区最高的碉楼，有人称它为中国的"碉王"。如此高的战碉，加上碉下相连的寨房，使这里成为一个重要的堡垒。

事实上，靠近索诺木大本营附近的这些战碉都已经非常厉害了，不仅在战碉的前面有壕沟，而且在下面还有地道和地堡，可以说是集防御性和功能性于一身。但再坚固的堡垒，也敌不过无情的铁炮，在清军的炮火射程内，马尔邦官寨的战碉变成了一个又一个不会移动的"靶子"，在炮火中失去了应有的作用。

除了火炮外，健锐云梯营的参战也对清军攻破碉楼起到了重要作用。早在第一次金川战役中，清军便已意识到了攻打土司战碉的艰难，为此乾隆皇帝采用多种方法应对，其中演练云梯兵这一方法最为奏效。这支能征善战的特种部队不参与其他方面的战斗，专门用于进攻，并以火炮为主要武器，在充分发挥火炮威力的同时，以火炮为掩护，从四面八方对战碉发起进攻，逐一消灭战碉中的金川兵。

在攻下马尔邦官寨之后，阿桂已经扫清了噶拉依官寨以外所有金川土司的武装力量，清军大部队把噶拉依围得像铁桶一般，到了这个时候索诺木手下的将士已经意识到守不住了，在做了象征性的抵抗之后，一部分人投降了，就连索诺木的妈妈、姐姐、妹妹也出城向阿桂投降，最后他的哥哥也出来投降，只剩下他在噶拉依地堡中继续抵抗。

至此，清军已经基本赢得第二次金川战役的胜利。但细细算来，在这场历时 5 年的战争中，乾隆皇帝先后调动军队二十多万人，朝廷的官员战死将近一千人，士兵伤亡数万人，花费白银 7000 多万两。如此来看，清军获得的胜利与付出的代价相比，实在是不值一提了。

惨　胜

其实，在经历战争初期的几次惨败后，清军的将领们便意识到了这场战争的艰难。在温福大军兵败木果木后，进攻大金川的重任落到了另一位清军统帅阿桂身上。在木果木兵败之时，他正率部在中梁子山上扎营，并在那里建设规模很大的营盘群，他要先稳住阵脚，再考虑下一步的作战计划。

中梁子山的地理位置非常重要，它是大小金川之间的一条重要通道，阿桂占据了这个山脊，使取得木果木大胜的金川兵无法包围阿桂的军队，后来阿桂成功撤退，很大程度上保存了清军的实力。

即使到现在，依然可以找到清军在中梁子山上的营盘。除了古营盘遗迹外，还能看到清军当时挖掘的壕沟。这些壕沟现在大概还有一米三四深，按照当地老人的说法，更早些时候，这里的壕沟有两米多深，壕沟里的人需要把耕地的锄把高高举起，才能被外面的人看到。

从这一营盘群的规模来看，当时清军在此应该驻扎了一支上万人的部队，而且从考古发现的炮弹遗存可以猜测，清军应该将大炮也搬到了营盘之中。据说，当时一门炮的重量达上千斤，最重的能达到四千多斤，很难想象清军的这些辎重、粮草是怎么从这样的山路，运送到海拔将近四千米的营盘群的。从这一细节也可以看出，乾隆皇帝在金川战役中投入的成本实在是不低，不单军队需要粮草补给，就是随军的民夫、马匹、驴、骡等，也需要耗费一大笔开销。

但战争就是如此，一旦打响了第一枪，除非有一方倒下，不然谁都不会先停止投入。既然已经投入了如此多的成本，那么对于乾隆皇帝来说，接下来要做的就是不计成本地打赢这场战争。

为此，当阿桂率兵逃过了金川兵的包围，沿着小金川河，把他的部队撤退到今天的丹巴地区后，乾隆皇帝从全国各地调来了军队以及武器弹药粮草等物资，运到丹巴，然后再以这里为后方基地，要求清军向大小金川发起进攻。

经过三个月的休整后，阿桂被乾隆任命为定西将军，他统率清军和明亮分兵两路重新开始向小金川进攻。从实力上来讲小金川不如大金川，而且由于小金川曾经被清军攻占，土司早就逃跑了，再次出兵又增加了投入，以接近半个清帝国的力量压向小金川，所以只用了五天时间，清军就再次占领了小金川。

前面提到的故宫博物院中收藏的十六幅图画，正是在清军收复小金川后才开始绘制的，也就是说之前打的那些败仗，乾隆并没有让画师记录下来。虽然没有绘制，但史书却并未遗漏这些内容，这些图画和文字都作为乾隆皇帝的"十全武功"之一流传到了后世。

在拿下小金川后，阿桂兵分三路，自己和明亮分别带领一路大军，另一路则作为牵制，向大金川杀去。从小金川去向大金川，需要翻越梦笔山，从北方来的清军士兵很多都是八旗子弟，在如此高海拔的地区行军，是非常吃力的，这多少会对他们后续的作战造成一些负面影响，同时也让此次战争的花销又增加了不少。

进入大金川后不久，阿桂和明亮的两路大军包围了咯尔丹喇嘛寺，这时候索诺木已经意识到他不可能和整个大清帝国抗衡，于是请求投降，但却被乾隆皇帝拒绝了。被断了后路，索诺木只得让为数不多的金川兵死守咯尔丹喇嘛寺。

咯尔丹喇嘛寺是索诺木的一个重要官寨，但驻守在这里的金川兵并不多，可即使如此，清军依然用了很长时间才攻下这里。究其原因，还是因为这里的地形太过复杂，利于防守，却难以进攻。清军只得采用包围战术，切断金川兵的水源供给，但即使如此，留守在这里的金川兵依然坚守了很长时间。

清军在占领了咯尔丹喇嘛寺之后，便进入了前面提到的勒乌围之战。在这场战斗中，清军遭到了金川兵最顽强的抵抗，索诺木几次向乾隆请求投降都被拒绝，他已经意识到自己必死无疑，在临死之前，他要进行拼死抵抗。而对于乾隆皇帝来说，损失了那么多的士兵，丢了那么多的大将，打到这个份上了，非得把你打服不可，非得把你平定不可，非得让你不能再有东山再起的机会不可。双方的态度都很坚决，剩下的就是你死我活的拼杀了。

为了攻破勒乌围周边的战碉防御体系，阿桂专门在当地铸造了上万斤的大炮，并且从北京请了一个叫傅作霖的西洋人，来到金川教授士兵如何测量大炮和目标之间的距离，如何才能精确命中目标。在大炮的掩护下，阿桂命令士兵把官寨下的地道挖开埋上大量炸药，连同地堡和战碉一块儿炸掉。在炮火的猛烈轰击下，碉楼里的金川兵几乎无人能够生还，到这个时候清军已经取得了压倒性胜利，大金川土司兵败也只是时间的问题了。

勒乌围是大金川土司的最后一道防线，是他大本营前面的一个最重要关口，丢掉了这里，他已经没有险可以守了。这之后，阿桂又攻下马尔邦官寨，扫清了噶拉依官寨以外所有金川土司的武装力量，彻底将索诺木逼入死地。

在士兵和家人都相继投降后，索诺木自己躲在噶拉依下面的地堡中，筹划着最后再拼死一搏。据说他在噶拉依整个官寨中埋了火药，而且把火药的引线都引到了他土司的座榻下面。他派自己的哥哥向阿桂投降，想请阿桂将军亲自到他的官寨里面，接受他的投降仪式。但阿桂并不相信索诺木，所以也根本没有走进那个官寨。据说后面是因为索诺木身边的士兵不想跟他一起被炸死，将他捆了起来带他去投降的。这之后，索诺木被阿桂派人押解到了北京，乾隆皇帝下令把这个让他多年都无法睡个安稳觉的对手凌迟处死，这位大金川土司在给清帝国造成重大危害后，以这种悲惨方式结束了自己的一生。

乾隆四十一年，清军占领噶拉依标志着金川战役彻底结束，清政府取得了完全胜利。为此，乾隆皇帝特意在噶拉依立了一块碑——御制平定金川噶拉

清　姚文瀚　紫光阁赐宴图卷

此图绘乾隆皇帝于紫光阁赐宴多位平定功臣的情景。

清　姚文瀚　紫光阁赐宴图卷（局部）

清　姚文瀚　紫光阁赐宴图卷（局部）

依之碑，用多种文字记述了平定金川战役的情况。有趣的是，乾隆没有把御碑下面乌龟的尾巴雕上，意思是说大小金川的事情从此结束不留尾巴。事情也正如乾隆所想，在平定大小金川后的几百年间，虽然清朝经历了由盛到衰的过程，但大小金川地区一直都没有大的战事发生。

乾隆立碑的本意是为了标榜自己的功劳，让后世子孙都来瞻仰，但他的这个标榜可能有点苦涩。因为这次金川战役之后，由于国库的巨大开销，还有惨重的兵力损失，清王朝的国力受到了很大影响。乾隆皇帝在这场战争中耗费了太多的人力物力，这场战争也在某种意义上成为强大的清王朝由康乾盛世滑向衰落的种种原因之一。金川战役结束 60 年后，鸦片战争爆发，这时的清政府已经彻底腐朽，国力也衰败到了极点。

第八章
晋祠之谜

风雨晋阳城

979 年，意气风发的赵光义带着统一全国的任务来到晋阳城，这里是他最后要攻克的地方，只要拿下这里，赵光义便完成了终结乱世、统一全国的伟业。但世事并不总是那么顺利，轻松攻灭陈朝的赵光义没有想到，这小小的晋阳城竟然会给自己制造这么多麻烦。

当赵光义第三次带兵攻打这座城池时，晋阳守将见大势已去，便交出印信，放弃抵抗。赵光义打开了晋阳的城门，但迎接他的却是不肯屈服的晋阳士兵和百姓。最终，在付出了惨重代价后，赵光义才成功控制了这座城池。

对于晋阳军民的顽强抵抗，赵光义在暴怒之余，还有一种畏惧，因此他下令驱逐城里的居民，并且让士兵焚烧、水淹晋阳城，彻底毁掉了这座让他损兵折将、胆寒不已的城池。然而在把晋阳城毁掉之后不久，赵光义又做了一件出人意料的事情，他下令大规模重修晋阳城附近的晋祠。

赵光义为何要先毁城再修祠，难道这小小的晋祠中藏有什么不得不敬畏的神灵吗？要搞清楚赵光义这一系列不合逻辑的举动，还要重新审视一番晋阳城的历史才行。

春秋末期，晋国开始衰落，韩、赵、魏、智四卿的实力越来越强。在这四卿之中，又以智伯势力最大。骄横的智伯野心勃勃，一心想吞并其他三家的土地，于是，他联合韩、魏两卿共同出兵讨伐赵襄子，并约定灭赵后三家平分赵卿的领地。赵襄子被孤立，不敌三家的联合进攻，只好退守晋阳城。

智伯自然不会给赵襄子残喘之机，他想引汾晋两河的水灌入晋阳城，彻底消灭赵襄子的势力。眼看就要支持不住了，赵襄子急中生智，和韩、魏两卿秘密联络，对他们晓以利害：一旦我赵襄子被灭掉，智伯将更加强大，下一个吞并的目标，必定是你们韩魏两家无疑。

事实证明，合纵连横在春秋时期也是一出良策，韩、魏两卿接受了赵襄子的提议，与赵襄子歃血为盟，相约反攻智伯。当智伯还沉浸在胜利美梦之中时，韩、赵、魏三家的军队已如潮水般杀来，智伯措手不及被赵襄子所杀，之后韩、赵、魏三家瓜分了智伯的领地，这就是历史上有名的"三家分晋"。

自三家分晋之后，晋国便已经不存在了，但晋阳城和晋祠却一直保留了下来。晋阳城地理位置十分险要，四面环山，易守难攻，它的周围由天龙山、龙山、蒙山，还有济州山等连接成了一条蜿蜒曲折的山脉。古人认为这是一条龙脉，而且带有王气，晋阳一直是中原连接西北少数民族地区的重要门户，中国历史上每个朝代都会派重兵守卫，但也因为这里的守将手握重兵，往往最终会成为中央政府的心腹之患。

隋朝时期，晋王杨广便是在晋阳接替自己的父亲登上了皇位。作为晋王，杨广自然知道晋阳这个地方的军事价值，为此，在当了皇帝后，他选择让自己的表兄弟李渊作为这里的留守，来处理整个晋阳以北的军事事务。

在这里，杨广还留了个心眼儿，他担心李渊会在这里起兵造反，所以派王威和高君雅两人作为李渊的副手，辅助李渊

宋 佚名 宋太宗立像

赵光义于 976 年登基为帝，迫使钱俶、陈洪进纳土归顺，又亲征北汉，结束了五代十国的分裂局面。

晋祠圣母殿牌匾

圣母殿是晋祠的主殿，晋祠内主要建筑，坐西向东，位于中轴线终端。牌匾字浑厚有力，风格古朴。

处理各项事务。说是副手，但这两人更像是监军，一旦李渊有什么异常举动，便会立刻通报朝廷。

617年夏天，隋朝的江山社稷正在风雨飘摇之中，李渊来到晋祠。就在踏进晋祠大门的同时，隋炀帝安插在李渊身边的两个亲信也被绑赴刑场，因为他们已经得到了李渊将要造反的消息，并且设计以太原天旱需要到晋祠求雨为名，准备借机杀掉李渊，但他们的计划被李渊的心腹察觉，于是李渊抢先下手杀掉了两名监军。虽然识破了对方的计谋，但李渊最终还是来到了晋祠，不过他不是来求雨的，而是来为起兵祈祷，祈求神灵能够保佑他夺取天下。同年7月，李渊在晋祠誓师起兵，仅用126天便攻占了长安。第二年5月，便在长安称帝，开创了大唐帝国三百年的基业。

从汉文帝刘恒到隋炀帝杨广、唐太宗李世民，再到五代的各个政权，都是从晋阳起兵夺取天下的。因此古人便认为这个地方风水好，有龙脉，所以才出了这么多真龙天子。这事不只当地百姓知道，熟读史书的赵光义自然也知道，他非常担心这个地方将来会再有造反的情况出现，所以为了毁掉晋阳城的王气，消除隐患，稳固自己的统治，赵光义才下令焚烧晋阳城。

等大火烧过之后，赵光义又下令水淹晋阳城，宋军从晋水、汾河两处水源，引来河水注入晋阳城中，当初大水曾被赵光义用来攻城，但却没有起到什么效果，但现在晋阳城终于被大水彻底毁掉了。

前面也说过，晋阳这个地方战略军事位置十分重要，因此在灭掉这里的"王气"之后，还要将它重建成为拱卫大宋江山的堡垒。后来就选定了一个地方，在阳曲县的唐明镇，也就是现在太原市的这个位置上，重建了晋阳城。因为它不在晋水之阳，所以晋阳这个名字也就不再使用，改叫并州了。

而在修建太原城的时候，遵照皇帝赵光义的旨意，很多重要街道都修成丁字街，意思是钉破龙脉，破除王气，以祈求大宋王朝皇基的稳固。太原城中的很多丁字街，一直到今天都依然存在。

如此大费周章地毁城、筑城，自然会引起当地百姓的仇视，作为皇帝的赵光义也已经闻到了空气中的危险气息，所以在筑城之外，他还需要做些别的事情，来收买民心。要做什么呢？把晋祠好好修缮一下吧，这样既能得到神灵的保佑，又能让

唐高祖皇帝李渊像

唐朝开国创业的帝王，确立了有唐一代的基本制度、政策，为后来的"贞观之治"打下了基础。

老百姓心理平衡一些。

就这样，赵光义残暴地摧毁了晋阳城，同时又认真地修建了晋祠。我们今天看到的规模宏伟的晋祠正殿，正是当年赵光义下令重新修建的。

晋祠正宗唐叔虞

晋祠正殿圣母殿是晋祠的标志性建筑，大殿有一个环绕四周的围廊，足有两间房的宽度，这是专为祠堂的特殊设计，可供许多人同时参拜，游人走动也会感到宽阔无比，站殿神像也有了足够的站位空间。宋朝以前从来没有这种结构形式，这也证明了圣母殿是宋朝的建筑。

在圣母殿正前方，与它连为一体的是"鱼沼飞梁"。鱼沼是后山流出来的一股泉水形成的池沼，因四周由四方形石柱围成，水中有无数游鱼往来而得名。由于"鱼沼飞梁"所用的砖石是相互咬茬砌合的，所以可以判断其是与圣母殿一同砌起来的，它和圣母殿一样，应该都是宋朝时修建的。

圣母殿中的主神圣母端坐在殿正中高台之上，在她两旁还站立着侍女。当看到正殿中的这尊神像时，很多人都会产生这样一个疑问，当年李渊专程来到晋祠虔诚下跪，祈祷神灵护佑自己起兵夺取天下，他面对的难道就是这位女神吗？

仔细看过正殿之后可以发现，正殿前挂有许多牌匾、楹联，但很多匾额上面的文字却并不是写给坐在大殿上的圣母的，而是在颂扬一位晋国的古人，这位古人便是"剪桐封弟"故事中的主角唐叔虞。

西周初年，周武王成为天子之后不久便去世了，周成王继承了王位。这时唐国叛乱，周公奉命带兵平叛，不久就平定了叛乱。士兵送捷报来到宫里时，周成王正与弟弟叔虞一起玩耍，成王拿青铜剪刀剪了一枚桐树叶，削成一个大臣上朝时手持的玉圭形状，叔虞围着他蹦来蹦去地看，成王就说那么我把它封给你好了。

　　唐与桐字在古时谐音，这时候史官在一旁就将武王的话记下来。史官说："王请选择一个好日子，把唐国封给叔虞。"周成王说："我这是和叔虞开玩笑的。"史官又以"天子无戏言"说得周成王不知如何回应，结果周成王就真的把叔虞封为唐国诸侯，人们也就改称叔虞为唐叔虞，这就是"剪桐封弟"的故事。

　　唐叔虞到了唐国以后，组织当地居民兴修水利、开垦农田，当地百姓很快便过上了从未有过的富足生活。唐叔虞在唐国树立了非常高的威信，他的儿子继承王位以后把唐国改成了晋国，在晋水源头建造了祠堂，纪念唐叔虞。这座祠堂在北魏以前一直叫唐叔虞祠，到了北魏才改称晋王祠，简称晋祠。

　　从家族层面来说，唐叔虞的儿子建造晋祠，是为了祭祀家族的祖先唐叔虞，属于家祠性质。而由于唐叔虞又是晋国的开国诸侯，因此这里的历代统治者也都会祭祀他，这就使得晋祠又有了国庙的性质。因此，当年李渊下跪时面对的并不是圣母殿中的圣母，而是这位晋祠正宗唐叔虞。

　　这一结论的得出并非推断，而是有据可循的。645年十二月，唐太宗李世民在东征高丽的归途中来到晋阳，他想要亲自到晋祠中祭拜一下唐叔虞。李世民年轻时跟随父亲在晋阳居住多年，当时被人称为"太原公子"，他也一直把太原当作自己的第二故乡。回到晋阳之后，李世民见到了过去的父老和故旧，一块开怀畅饮非常高兴，想起当年在晋祠起兵的情况，便想来晋祠中祭拜一下，同时还写就了一篇著名的《晋祠铭》。

　　《晋祠铭》全名《晋祠之铭并序碑》，这是李世民亲笔书写、亲自撰稿而成的作品。为了永久保留下来，文章写完之后，被当地官员刻在了石碑上。这篇作品一方面通过歌颂西周的政治功绩和唐叔虞的建国史记，以达到宣扬李唐王朝文治武功、巩固政权的目的；另一方面也答谢了唐叔虞神灵保佑李氏王朝的冥冥之功。它既是一篇标榜自己功绩的文章，同时又是一篇还愿之作。

　　从李世民亲笔题写的唐碑可以看出，就连一代盛世的君主都对唐叔虞礼敬有加，可见唐叔虞的影响力确实是非同寻常的。不仅是李世民，在李唐王朝覆灭后，建立后唐的李存勖也对唐叔虞崇拜有加。

　　李存勖和后梁交战多年，最后杀掉了后梁皇帝朱友贞，在收兵回晋阳的

唐　佚名　李存勖像

同时，他专门派人把后梁皇帝的首级送到了晋祠，这样做是因为李存勖一直把自己认作是李唐王朝的后裔，他要模仿祖先的做法把已经灭掉后梁的消息，告诉一直保佑他们家族的神灵。

李存勖灭掉后梁后重新建立了唐朝，史书上称这一段历史为后唐，看来李唐王朝的兴衰和晋祠息息相关。李渊、李世民、李存勖相信是晋祠神灵在护佑李家天下，作为天子都对晋祠中的唐叔虞顶礼膜拜，老百姓就更加相信这样的神灵了，因此唐叔虞在晋阳这一地区确实是很有影响的。

不过，这就又出现了一个问题，如果当年李渊下跪时面对的正是这位唐叔虞，那现在晋祠正殿中的圣母像又是如何出现的？作为晋祠正宗的唐叔虞，没有端坐在晋祠的正殿之中，这个位置上出现的却是圣母，这位圣母到底是谁呢？

圣母邑姜

踏进晋祠大门，绕过水镜台，走过会仙桥，越过金人台，经过对越牌坊，再穿过献殿，在"鱼沼飞梁"的引领下，便来到了正殿圣母殿。从圣母殿向东北望去有一组并不显赫的建筑，正门的匾额上写着"唐叔祠"三个字。这座唐叔祠位于圣母殿北侧，看上去仿佛附属于圣母殿一样。

进入位于院落后面的大殿，就能看到坐在正位上的神像，这是一位面容俊朗的中年男人，他正是唐叔虞。从祠堂的建筑风格以及殿中人物塑像的建造方式来看，似乎也是宋朝的手法，也就是说，这并不是当年唐叔虞的儿子为了纪念父亲而修建的唐叔虞祠，真正的唐叔虞祠应该在现在圣母殿的位置。

现在我们看到的这座唐叔虞祠，似乎是后人不忍看到晋祠的正神被迁出了正殿，但又无力改变这种局面，因此在偏殿的位置为唐叔虞重新建了一个祠堂。那么到底是谁把唐叔虞迁出了正殿并且换上了圣母？这样做的目的又是什么呢？

前面提到，宋太宗赵光义在毁掉晋阳城的同时，曾经大规模重新修建了晋祠，但在重修晋祠正殿时，在赵光义的内心深处却有一个心结没有解开。晋阳自古以来就是晋国的地盘，这里最受尊敬的祖先就是唐叔虞，当地人世世代代都要到晋祠中祭拜唐叔虞，这种"唐叔虞崇拜"从唐叔虞管理这块土地开始就一直延续了下来，到今天还有一定程度的保留。

正是这种"唐叔虞崇拜"，让唐太宗亲自前来祭拜，也正是这种"唐叔虞崇拜"让宋太宗三下河东才艰难攻克晋阳。这种对唐叔虞的崇拜是一种凝聚力，也是一种号召力，这对于已经夺取天下的宋太宗来说是不必要的，他非常希望这种凝聚力慢慢消失掉，或者转移到别人身上。为此，赵光义要从根本上模糊晋祠的"唐叔虞崇拜"，改变和铲除晋祠祭祀的主题思想，从而消除晋阳城危及宋朝统治的心理基础。

有了这样的想法，赵光义在重修晋祠正殿后便开始了自己的行动。传说正殿建成之后，在赵光义的授意下，在一个夜深人静的夜晚，唐朝开国皇帝曾下跪参拜的唐叔虞像被士兵们悄悄用绳子捆住，拖下神位，拖出了神庙。

在赵光义看来，这样做只是他彻底消灭晋阳"王气"的一部分内容，为了把这件事做得更加彻底，他不仅要把唐叔虞神像迁走，还要将唐叔虞祠变成一座女神庙。他要在这里重新树立一种女神崇拜，只有这样做，才能根除晋阳城的唐叔虞崇拜，从而消除当地百姓桀骜难驯的民风。于是，圣母便出现在了晋祠的正殿之中。

上面这段"宋太宗重塑圣母像"的故事更多来自传说，史书中并没有明确记载，所以这里面真实的历史究竟是否如此是无从知晓的。但从现实来看，北宋统治者确实有换掉唐叔虞神像的必要，晋祠中的神像确实也从唐叔虞像换成了圣母像。

不过，以女神庙替代唐叔虞祠，消除了北宋皇帝对唐叔虞崇拜的恐惧，但当地百姓能够接受这位突然冒出来的女神吗？为此，北宋统治者需要寻找一个高于唐叔虞的女神，或者能够与唐叔虞相匹敌的女神来作为晋祠的主祭神。但什么样的女人可以担当得起如此殊荣，现在圣母殿中的圣母到底又是谁呢？

在佛教诸神之中，观世音菩萨算是一位圣母，民间供奉她是向她求子的，那么大殿中的圣母会不会也负责同样的工作呢？

将圣母与求子放在一起，并不违和，但在晋祠中，却并不太可能，因为在圣母殿北面就有专门求子的场所苗裔堂，当地百姓也称它为"子孙殿"。苗裔堂里有神像七尊，中间是子孙圣母，旁边是胚胎娘娘、保胎娘娘、送生娘娘等，整个生孩子的过程由各个娘娘来分管，分工很明确。既然已经有了这样一处求子之处，那晋祠正殿也就没有必要再供奉一位求子的圣母了。

道教在晋祠附近也有许多道观，那圣母会不会是道教中的某位神仙呢？道教在晋祠山门的北面，有文昌宫、昊天神祠等，再向西还有朝阳洞、三台阁等，名目繁多，但道教中似乎也没有圣母之说。

圣母既不属佛教，又不属道教，那她到底是哪路神仙呢？有人说她是唐叔虞与其哥哥周成王的母亲，也就是周武王的妻子、姜子牙的女儿邑姜。关于圣母是唐叔虞母亲的说法，在晋祠中是可以找到证据的。

清朝考据家阎若璩在晋祠草丛里发现过一块石碑，上面写着"惟圣母之发祥兮，肇晋室而开基"，这就暗示着在周朝建立时有一位圣母，那这个人是谁呢？在周朝建国十大功臣中，正好有一位女性，她便是周武王的夫人邑姜，而她也正是唐叔虞的母亲。再结合上面这段话来看，现在这位正殿中的圣母应该是唐叔虞的母亲邑姜了。

宋太宗将邑姜搬过来作为晋祠的主神，这一点连晋祠原来的主祭神唐叔虞似乎也无话可说，当地的百姓应该也不会多说什么。在最注重孝道的中国古代，神也和凡人一样要讲孝道，唐叔虞能与他的母亲抗衡吗？能与母亲争享供品祭物吗？就这样，晋祠的主祭神从此变为圣母邑姜，人们向她祈求下雨、祈求健康长寿、祈求得到美貌的妻子或如意郎君。

在晋祠圣母殿中，正中高台上的圣母端坐凤椅，宛若坐镇皇宫，临朝听政，她的服装色彩稳重和谐，整体形象雍容华贵，一看就是一位尊贵人物。圣母两旁站立着四十二尊男女侍从，他们各有专职，形象极其生动。手中持印的侍女神态非常自信，多少带一点傲慢；着男装的女官手里拿的是粉盒，应该是服侍圣母的"化妆师"；拿着洗衣棒的侍女看来是干粗活的；手捧钱袋的侍女应该是管钱的。从装束上来看，侍从中还有两名太监，这多少有些出人意料。太监这样的特殊人群，只能是皇家宫廷里面的人物。

这群塑像清晰地映现了北宋时代的宫廷生活，他们表情姿态所传达的丰富信息，简单的语言很难准确描绘。而在这些表情姿态信息之外，他们还传达更为重要的信息，那就是这些塑像并不是一般寺庙的宗教塑像，而是宫廷侍女的真实写照，他们所服侍的并不是抽象的神，而应该是一个真实存在过的、具有一定宫廷背景的人。

从上面这些细节来看，圣母殿中的圣母应该是一位真实人物，而且是来自宫廷中的显贵人物，这似乎也符合宋朝最高统治者的利益。如果能够削弱当地的唐叔虞崇拜，同时又能在晋祠中供奉赵家的人物，让晋阳百姓心悦诚服地去朝拜，岂不是更能消除当地不易臣服的民风吗？那么在宋朝宫廷之中，又有谁能成为这位圣母在生活中的原型呢？

另一位圣母

其实，关于圣母像的由来，当地还流传着另一种说法：由于害怕晋阳城的唐叔虞崇拜会危及北宋王朝的统治，赵光义当年一直想把唐叔虞像替换掉，但由于害怕激起民愤迟迟没有动手，他死后这个心病也随王位传给了他的后世统治者。在他重修晋祠50年后，北宋王朝进入了他的儿媳刘娥刘太后垂帘听政时期，唐叔虞像就是这段时期被迁出的，圣母像也是以皇太后刘娥为原型来塑造的。

刘娥原是山西人，十六岁时在京城做工，生存艰难，她做银匠的丈夫竟将她卖掉。几度转手后，她到了襄王赵恒手里，已经死了两任老婆的襄王一见到刘娥，便魂不守舍、喜欢得不得了。

看到儿子被一个女人迷成这般模样，赵光义勃然大怒，要求赵恒把刘娥赶出家门。赵恒不敢违逆父亲，只得悄悄把刘娥送出府去，藏在了朋友家中。直到赵光义死后，赵恒继位成为宋真宗，刘娥才被重新接回了宫中。

赵恒不在意刘娥的出身，但刘娥却不这么想，她需要攀一门好的亲戚，来掩盖自己的寒微出身。刘娥先找了当时的开封府尹刘综，想要认下这门亲戚，刘综拿出家谱装模作样查了查，以"自家没人在宫中"为由婉拒；之后刘娥又找到继任的开封府尹刘烨，刘烨更是理都不理刘娥，根本不想跟她搭上关系。

这两位朝中官员对刘娥认亲的抵触，既与北宋严格的门户之分有关，也与北宋后宫的纷争有关。在尚不确定刘娥是否能在后宫中站稳脚跟时，除了宋真宗外，是没有哪个官员敢与她搭上关系的。没有办法，刘娥只得将祖居晋阳的魏晋南北朝时建立前赵的刘氏皇族认作亲戚。

1022年，真宗赵恒驾崩，遗诏命刘娥为太后处理军国大事。这时候登基的仁宗年仅十一岁，又非刘太后亲生的儿子，有大臣暗示她仿效武则天重建王朝，并向她递献武则天临朝图，她气得发抖把画扔在地上，说自己决不会做这种对不起祖宗的事。事实也正是如此，权倾天下的刘太后并未专权，也没有取而代之的想法。主政期间，刘娥诛杀奸臣，重用范仲淹、苏舜钦等人，澄清吏治，兴修水利，对于北宋政治经济的发展颇有建树。

由于刘娥本就是山西人，又将晋阳刘氏皇族认作自己的祖先，那晋阳自然也就成了她的"故乡"。因此，在她当政期间，晋阳的地方官们为了巴结

南宋 佚名 宋真宗皇后坐像

宋朝第一位摄政的太后，功绩赫赫，常与汉之吕后、唐之武后并称，史书称其"有吕武之才，无吕武之恶"。

这位权倾天下的太后，便想方设法将晋祠正殿中的神像换成了刘太后的形象，并称这是有求必应的圣母。如此做法既从表面上宣扬了圣母的德风，又在暗地里彰显了刘太后的功业。

更为重要的是，虽然刘娥当年并没有得到公公赵光义的认可，但一旦她成了垂帘听政的刘太后，她自然也就和作为统治者的赵氏皇族站到了一起，显然刘太后也会听说晋阳人难以臣服的民风，也会知道晋阳有威胁赵家统治的"唐叔虞崇拜"。现在晋阳地方官这样做，正符合了刘太后的心意。正因如此，晋祠正殿中出现宋朝宫廷中的侍女，也才有了合理的解释。

不过，这里还有一个问题需要解决：晋阳的地方官是如何用刘太后的塑像，取代正殿中唐叔虞的神像呢？公开调换肯定不行，这样做当地民众肯定会反对，所以必须要有一个合理的机会出现，而这个机会恰巧又被这位地方官抓住了。关于这一问题，《宋会要辑稿》中的一些记载给出了答案。

《宋会要辑稿》中记载了两封与晋祠有关的诏书，其中一封诏书中称"宋真宗大中祥符四年（1011 年），平晋县唐叔虞祠庙宇摧圮，池沼湮塞，令本州完葺"。这封诏书的意思是说，唐叔虞祠庙宇倒塌了，倒塌下来的建筑物都落到了鱼沼飞梁中，将池塘堵塞了，朝廷命令当地将这座庙宇修葺好。

宋真宗大中祥符四年，也就是赵光义攻克并烧毁晋阳城后的第 32 年，这一年重建的唐叔虞祠竟然意外地轰然倒地，是什么力量能摧毁这所规模巨大的建筑呢？

圣母殿南墙根的一块石碑上透露了一个线索，碑文只有四句："悬瓮山中一脉清，龙蟠虎伏隐真明，水飘火劫山移步，五十年来帝母临。"从诗中的描述可以发现，这一地区曾经发生过"水飘火劫山移步"的可怕事情。"水飘火劫"当然是指赵光义火烧、水淹晋阳城之事，"山移步"则是说当地发生过强烈的地震。

圣母殿后是悬瓮山，悬瓮山有块石头，像倒悬的瓮。根据历史记载，正是由于地震引起了山体滑坡，悬瓮山这块倒悬的石头才崩塌不见了。查阅文献古籍可以发现，悬瓮山一带在明清时期也发生过几次地震，所以唐叔虞祠的崩塌很可能就是由地震所导致的。

　　唐叔虞祠被自然灾害摧毁了，北宋中央政府又要求当地重修这座庙宇。现在机会来了，晋阳的地方官当然会把握住，就这样，以刘太后为原型的圣母像便顺利取代唐叔虞像，成为晋祠正殿的主神像。

　　然而从当地百姓的感情上来说，他们却不愿意接受圣母是刘太后的说法，刘太后的公公赵光义在晋阳杀人放火，老百姓怎么可能去供奉他的儿媳呢？大家更愿意相信这位圣母就是唐叔虞的母亲邑姜。邑姜是神农的后代，她的丈夫周武王是轩辕黄帝的后代，她的家族代表了中华民族炎黄两位祖先的融合，备受人民敬仰。从晋祠圣母被百姓接受，历代都享受祭祀来看，圣母邑姜是众望所归、人心所向的。

　　1958年，郭沫若先生来晋祠游览，考察了这段历史，最后欣然题诗"圣母原来是邑姜，分封桐叶溯源长"，表示了他的倾向和看法。当然晋祠之谜众人还在评说，这仍然是一个值得长久探讨的话题。

第九章
少林秘籍

神秘的武林秘籍

在我国河南省郑州市的嵩山腹地，有一处丛林茂密的少室山，少室山中坐落着我国禅宗和功夫的发祥地——少林寺。少林寺自建立至今，已有一千五百多年的历史，被誉为"天下第一名刹"，是我国重点文物保护单位，也是世界级文化遗产。

"天下功夫出少林，少林功夫甲天下。"少林寺能够天下闻名的原因之一，就是历代武僧的潜心研究和少林功夫的不断发展。在少林寺的众多功夫心法和招式中，《易筋经》一直被视为少林功夫的宗源，更是难得一见的秘籍宝典。

在武侠小说中，《易筋经》是武林人士争相寻觅、梦寐以求的武学宝典，在金庸的《天龙八部》中就曾描述它"实是武学中至高无上的宝典，只是修习秘诀甚为不易"，《笑傲江湖》中也写道"练成此经后，心动而力发，一攒一放，自然而施，不觉其出而自出，如潮之涨，似雷之发"。小说中的《易筋经》，无疑经过了文学艺术的美化和加工，但因为其神乎其神的作用功能和富有传奇色彩的创作背景，许多人都认为《易筋经》并不是真实存在的，殊不知它至今仍存在于我们的生活之中。

相传，《易筋经》是少林寺的禅宗初祖达摩所作。达摩祖师是天竺人，自称是佛传禅宗的第二十八祖，因而被认为是中国禅宗的始祖。南朝时，他自印度航海而来，从广州进入中国后，沿途宣扬佛法，一路行至北魏，在洛阳、嵩山等地传授禅教，并收纳了慧可、道育、昙林等一众弟子，最终圆寂于此。

在故事中，达摩曾在嵩山的一孔天然石洞中，坐禅修习九年，以达到明心见性的修行目的。坐禅辛苦，每结束一个阶段，他都要站起身活动一下筋骨，才能继续下去。某天，一名准备修习禅定的僧人，误入了这个古老的洞穴，虽然他没能见到达摩祖师，但无意间在角落里找到了一个铁函。铁函内有两部梵文书籍，一部是《洗髓经》，另一部则是《易筋经》。其中《易筋经》主修外，《洗髓经》主修内，实则为两部相辅相成的书籍。

《易筋经》中的"易"是变化、改变的意思，"筋"则是指筋骨、筋膜。因此，书中所讲的是通过外在修炼，改变筋骨，打通全身经脉的修习方式。在武侠小说中，《易筋经》已经被神化为一种旷世绝学，但这更多是一种文学艺术的表现手法，而武术专家们则认为，《易筋经》的确是一种实实在在的功夫，长期练习可以使气力大增。

少林武术发展至今，内容已经非常丰富、完备，是我国传统武术中体系最庞大的派别。少林功夫的套路多达数百套，另有七十二绝技以及格斗、擒拿、点穴、卸骨、气功等独门功法，这些功法大多离不开练气。古人认为，习武需要进行内功的修炼，即固精、养气、静神，以达到精、气、神的充足和统一。"气"决定着习武之人的力道，只有内气充盈之人，才能拥有较大的力气，也将在比武中占据更大的优势。因此，可以将《易筋经》视为少林武术之祖，在武侠小说等艺术创作中，也常作为无上心法而被提及。

时至今日，学习少林功夫的武者，仍旧要修习《易筋经》，这是继承和发扬传统少林武术的需要，也是保护这一文化典籍的重要方法。少林武术虽然已经从保护寺院的功能手段，转变为一种表演形式，但其中弘扬中华传统文化，宣传少林禅宗思想的内涵，从未发生改变。

《易筋经》与古印度文化

在过去很长的一段时间内，社会各界普遍认为，是这名叫作达摩的印度僧人，带着佛祖的衣钵来到中国传授大乘禅法。而这种禅法是起源于印度佛教的一种修持心法，是蕴含着精妙哲理的古印度文化精华。

嵩山少林寺的塔林

随着印度僧人到中国的传教活动增多，禅法在中国生根发芽。部分人们认为，禅法和功夫都是由达摩带来的。事实上，1938 年出版的《国术概论》和 1988 年出版的《新编少林寺志》中，都采用了这种观点，社会上更是广泛流传着少林武术起源于达摩的说法。那么，《易筋经》是否真的如传说中那般，由这位印度高僧所创呢？其中仍存在着诸多的疑点。

为了解开《易筋经》作者的谜题，曾在印度工作的中央电视台记者张讴，为此做出过诸多努力。他先是接触了一些考古界和研究古印度文化的学者，并未获得什么有用线索，不得不根据梵文研究者提供的资料，去图书馆查阅研究。然而，结果却令人非常震惊，印度作为佛教的发源地，却没有多少关于佛教的历史记载，其佛教史几乎都是靠唐代玄奘法师的《大唐西域记》所重建的。

张讴翻阅了现存的一些印度地方志，发现达摩大概出生于公元五世纪中叶的帕拉瓦王国，是国王苏甘达的第三个儿子。为了寻找远逝的真相，张讴亲自前往了达摩故乡的婆卢玛尔神庙，在那里见到了吐纳术的习练者。在印度的老人当中，仍有一些练习瑜伽和吐纳术的人，主要是通过静坐来体验梵我合一的感觉，达摩面壁九年，很可能就是在修习吐纳术。

而根据印度史料记载，达摩除了精通吐纳术之外，还精通印度搏击术。这种搏击术在印度克拉拉邦已经有两千年的历史，最初主要是在人们采集香料和檀香木的时候，用来抵抗野兽的袭击。古印度人通过模仿野兽和观察风向、海浪，悟出了一套刚柔相济的搏击术。主要是用棍子来击打对方，还有一些徒手格斗和匕首、暗器的动作，达摩也许是为了防身，掌握了这门搏击术，又根据自己的理解，将禅意融入其中，创立了一门新的功夫。

古代交通极不发达，而印度与中国虽有喜马拉雅山相隔，却是海上丝绸之路的中转站，现在印度的博物馆中，摆满了中国元明清朝代的瓷器，可见当时与中国交往程度密切。据说达摩是在游化的路上，被中国丝绸上淡雅的图案所吸引，才萌生了来到更适合佛教发展的中国传播佛法的念头。在少林寺的壁画中，存在许多皮肤黝黑长相奇特的僧人，有些甚至还和中国僧人一起习武，这说明少林寺与印度确实存在着千丝万缕的微妙关系。

在少林寺的《易筋经》的序言中，所说的《易筋经》理论与佛经的体式相同，书中可供练习的易筋经十二式，在运用气的实际演练中也与吐纳术确有几分相似。但两者又存在着根本性的区别，印度的吐纳术是没有动作的，而《易筋经》却有着导引动作。而中国古代的气功，是一种将呼吸吐纳和导引动作结合在一起的健身功法，距今已有五千余年的历史。那么，《易筋经》

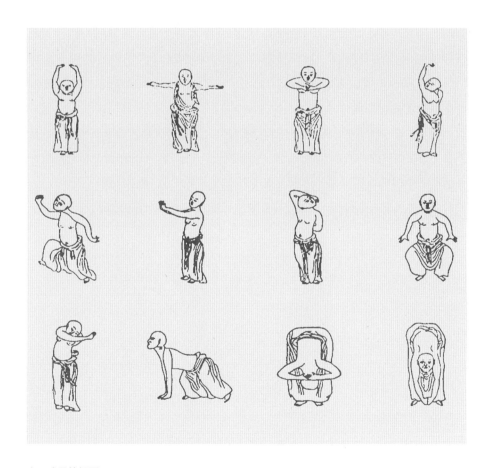

十二式易筋经图

《易筋经》以其架势、意守部位、调息次数等变化，适用于不同人群健身锻炼。

很有可能是中国人自己编创的气功功法，而并非达摩所创。

根据少林寺的传说，是达摩在来到嵩山之后，写下了传授吐纳术的《易筋经》和《洗髓经》，后世的众多版本，也由此演化而来。而明代天启四年的版本是现今传世的最早版本，清代刻本则是现存最早的刻本。在这些版本中，都存在着两篇序言，一篇为唐初名将李靖所写，另一篇则为南宋名将牛皋所写。其中，少林寺中达摩死后留下铁箱的传说，就出自李靖所写的序言中。而牛皋的序言，是说在抗金的时候，一位怪僧站在路边，将《易筋经》交给了他，以此鼓励军队奋勇杀敌。

《易筋经》的两篇序言中，都提到这本书是由达摩传下来的。在1928年出版的《国技论略》中已经明确指出，这两篇序言都是后人编撰的，就连《易筋经》也并非达摩所著。易髓易筋之说，实际上出自宋代以后的佛教书籍《景德传灯录》，所以唐代的书籍，自然不可能会提到这本书中的内容，《易筋经》也一定另有作者。

如今，在少林寺的大殿内仍供奉着达摩像，庵院内存在着达摩面壁图，甚至还有为达摩而建的西方圣人殿。无论达摩是不是《易筋经》的作者，都确实存在着他前来中国传教的事实。历史上流传下来的一苇渡江、面壁九年、断臂立雪、只履西归等关于达摩的传奇故事，深切表达了后人对达摩的怀念之情。

▶明　宋旭　达摩面壁图（右一）

描绘的是菩提达摩面壁打坐，苦行修炼的情形。

▶明　佚名　苇渡图（右二）

相传达摩在南方传道已毕，返回时路遇一江无船可渡，折江边芦苇，抛入江中，踏苇过江，此为少林七十二绝技之一。

闻法金鑾不顺情　折芦潜向少林行　君恩断鸿贺祝

承受羣賢再来十蕃祥　庚子秋玉日寫于蕙畹間

超果精舍　石門宋旦

明　吴彬　达摩图

图绘中国禅宗初祖达摩面壁参禅的故事。人物眉目、鼻梁非西域人的深目高鼻，而是融合了汉人的特点。

传统文化的瑰宝

现代专家普遍认为，《易筋经》是我们中国人自己创立的气功功法，而并非达摩所作。杭州师范学院的周伟良教授，在多年的武术史和《易筋经》研究中，证实了这个观点。

他认为，清代以后，达摩成为民间传说中的少林武术老祖，被神化了，因此才让一些人认为《易筋经》也是他所作。实际上，这门气功功法大约在秦汉时期已经开始萌芽，并逐渐发展完善。

在少林寺内，流传着这样一种说法。据说《易筋经》起源于唐朝末年的慧觉和尚，他在少林寺柔拳和形意拳的基础上，为一些老和尚编创了动作较为轻柔的《易筋经》，后来他的弟子伏菊和尚又会集全国十八家武林高手在少林寺演绎，将《易筋经》发展为内外兼修的武学宝典。

对于此种观点，近代著名武术史学家唐豪并不认同。因为他所看到的清代《易筋经》版本，与少林寺的版本存在着诸多的不同，内容也更为丰富，因此怀疑少林寺的版本可能是今人改编、简化的结果。唐豪先生根据书中的内容推断，这本书不是僧人所作，作者很有可能是道士。因为《易筋经》的主要内容，可以分成三大部分，第一部分是我们今天所熟知的健身养生方法，即易筋经十二式；第二部分记载的是一些民间武术的练功方法；第三部分是一些房中术。佛教是绝对不会传承房中术的，反而是道教中有这样一套修身养性的方法。

前些年，全国武术功力比赛时对裁判员进行了培训，武术管理中心科研部对比赛中涉及的武术功法和功力进行了资料汇编，其中，它收录了一个叫《易筋经》的本子。这个本子明确提出，这本书出自明代末叶的天台紫凝道人。那么，新的疑问接踵而来，既然是紫凝道人所作的书籍，又怎么会变成少林寺中达摩的著作呢？

这是因为明代之后，特别是清代时，少林功夫的声誉不断壮大，少林是当时著名的武中道场、武林胜地。《易筋经》托名达摩编撰，借助少林寺宣传，在社会上宣讲时，能够产生更大的影响力，宣传效果也更加好。尽管它的真实作者可能是一名道士，但并未影响它作为一门功夫，在少林寺广为流传。

为了进一步了解《易筋经》的起源与发展，国家体育总局和健身气功管理中心于 2002 年成立了《易筋经》课题组，由武汉体育学院武术学院的教授石爱桥，领导课题组展开了研究、讨论工作。研究结果证实了唐豪先生的说法，他们推断《易筋经》本是秦汉时期方仙道士的导引术，在唐宋年间被少林寺僧人改编，并于明代开始在社会上流传。但遗憾的是，古版本的《易筋经》均已失传，就连少林寺秘藏的版本也难逃劫难。清朝潘蔚的版本，是流传最早的易筋经十二式。

虽然专家们认为，《易筋经》的原创并不在少林寺，但其在少林寺流传已久，少林僧人广泛修习着《易筋经》。这主要是因为，禅宗修炼以静坐、打坐为主，长此以往，会造成气滞血瘀，所以要学习导引术来健身强体。根据记载，六朝和隋唐时期，少林一带武术导引术很是盛行，很有可能少林寺僧人引用了道士的导引术，剔除了其中的一部分，只保留了易筋经十二式进行练习。在历史发展、传承的过程中，少林寺僧人对《易筋经》的发展和其理论的形成，都做出了一定贡献。

在研究中，石爱桥等人还发现，在少林寺中并不是只存在着一套《易筋经》功法，而是几套功法。这几套功法中，雷同的内容并不多，这也充分证明，《易筋经》根据僧人练习的需要有所发展，并非是一套成型的。除此之外，在其他地区也流传着《易筋经》的修习方法，如四川的《秘练易筋》，武当山把《易筋经》和《洗髓经》结合的《易筋洗髓经》，还有《熊氏易筋》《黄氏易筋经》等，我国国家体育总局也在 1959 年，出了一个《易筋经》的版本。

由此可见，《易筋经》在我国发源很早，流派众多，受关注程度也很高。

其修习者认为，《易筋经》可以延年益寿、治病救人，还能够增长身体中的力量。少林寺的贞绪和尚作为《易筋经》的练习者，他说自己在靠墙的时候，墙会发出声音，梁土也随之掉落，说明其身体内蕴含着四两拨千斤的无穷力量。少林功夫虽然是以攻防格斗的人体动作为核心，以套路为基本单位的一种武术表现形式，但它不仅仅是由拳脚棍棒所组成的，它与气功和禅学也都有着密不可分的关系，是一门内外兼修的传统武术。

根据现在的研究，我们已经能够知道，《易筋经》并不是武侠小说中描述的那种神秘的武林至宝，而是一种与中医和传统武术都有着密切联系的独特气功功法。这种功法，是我们所特有的健身锻炼方式，它区别于现代体育，也是现代体育所不能替代的，是我国传统文化的瑰宝。

具有神奇功效的气功

气功在我国有着悠久的历史。在考古发掘中，曾经出土过一个五千多年前马家窑文化时期的彩陶罐，上面有着一个非常类似气功动作的人形图案，而史书中也曾记载，在四千多年前的尧时代，中国先民已经开始修习"武"来锻炼身体和预防疾病。后来，人们又把这些动作与呼吸吐纳、心理调节相结合，逐渐形成了较为系统的健身养生方式，被称为"健身长生术"。

这种健身长生术在我国已经存在两千多年。在春秋战国时期的文物《行气玉佩铭》中，我们已经可以看到对于这种健身方法较为详细的描述。而两千多年前的医学经典《黄帝内经》则将这种健身方法，称为"行气导引"，将它视为重要的健身养生和医疗保健方法。

我们生活中打哈欠、伸懒腰等日常行为，其实都是身体在调节不舒服的感觉。古代人在艰苦的劳动生活中，也会自觉摸索一些养生调理的办法，气功就属于其中的一种。俗话说，"练拳不练功，到老一场空"，这里的"功"既包括外功，又包括内功。在我国的传统武术中，许多攻防招式复杂的动作，都需要配合气才能够更好地完成。

少林武术主要以实战为重点，当习武者达到神与气相抱不离的大周天时，内功中的气可以从丹田而出，畅通无阻地迅速到达任脉、督脉、命门、神觉穴等位置，从而配合武术招式的使用。易筋经十二式虽然动作并不复杂，但想要练好也不是一件容易的事情，需要长时间的刻苦练习，才能显现成效，效果也会因为修炼方法、环境、功力等种种因素影响，产生较大的差异。

释德虔法师自幼皈依少林寺，跟着释素喜法师和诸多高僧刻苦修习武艺，共习得少林拳械功夫技艺三十余套，还跟着释德禅法师学习过少林寺秘传中医术、点穴、气功等诸般绝技，深得少林禅武的真谛，被称为"少林书王"。释德虔法师在几十年的习练过程中，对《易筋经》有许多切身的体会。他自小练习《易筋经》，每日早晚各练习一次，认为其在促进新陈代谢，治疗调养肠胃病、心脏病、筋骨病等方面，具有一定的疗效。

2002年，国家体育总局在全国范围内，寻找《易筋经》流派的传人和民间老师傅，并把他们召集到武当山参加《易筋经》观摩研讨会。现存民间的《易筋经》功法多与武术相结合，《易筋经》课题组对这些功法中健身强体的部分进行了归纳整理，取各家所长，编创出了一套新的健身气功，让普通人也能够学习和练习。

在武汉体育学院的运动科学实验室中，曾进行过针对新编《易筋经》的科学实验。受试者在运动跑台上，戴上一个三通活塞呼吸面罩，仪器里自动调试好一定的氧量，通过受试者呼吸系统摄入并排出的气体，仪器可以测出受试者的摄氧量、氧脉搏、呼吸熵、无氧域等十几种指标，来分析受试者心肺功能的技能潜力。根据观察，受试者在经过三个月的《易筋经》训练后，肺活量有了明显的增长，但摄氧量变化并不显著。

在练习《易筋经》半年后，一些受试者的摄氧量虽然有所增加，但并不具备统计学意义，其他实验结果也未能表明《易筋经》对人体有明显的健身功效，甚至有些练习者还出现了颈部、头部不适的不良反应。后来经过研究分析，课题组认为可能是进行一些向上的动作时，受试者意念过多、过重所引起的，因此及时调整了功法动作，强调在收功时，要让意念往下导气，入地三尺，这些问题迎刃而解。

随着时间的推移，奇迹出现了。受试者在修习《易筋经》一年后，摄氧量出现了显著的增长，这说明《易筋经》在增强人体呼吸系统和心血管系统的功能上，确实有一定作用。而后，研究人员用多导生物电记录仪连接了《易筋经》练习者身体的各个部位，以此来记录和分析练习者肌肉在运动时所产生的肌电、加速度、关节活动度、眼电、心电等多种生物参数。在经过一段时间练习后，肌电会产生较为明显的变化，其中杂波相对减少，神经对肌肉的支配和调整，更趋向于精细化和准确性。课题组进一步对《易筋经》练习者的骨密度进行了检测，发现其骨密度成分的年龄，远远低于练习者实际的生理年龄。这些科学证据都充分说明，《易筋经》确实具有强身健体的功效。

课题组经过一系列的研究，发现《易筋经》通过气体意念的引导，伸筋拨骨，这在调节和改善人体肌肉、神经系统的灵活性、协调性和伸展性等方面均有一定作用，能够通行血脉调达脏腑，调节人体生理平衡。在对《易筋经》的学习中，习练者一定要做到动作舒展、柔和匀称，注重脊柱的旋转延伸，达到精神放松、形意相合、呼吸自然、循序渐进的要求，个别动作也可以配合发音完成。

为了方便广大气功爱好者的学习和练习，2006 年初，国家体育总局健身气功管理中心，把《易筋经》作为健身气功推出，并将其与五禽戏、六字诀、八段锦一起，正式列入我国第 97 个体育运动项目。如今，少林寺的僧人们仍会按照寺内传统，刻苦练习《易筋经》。很多普通人也开始学习这种气功，来达到强身健体、延年益寿的目的。

目前，不仅是在中国，在欧洲、美洲等世界各地，都有修习《易筋经》的身影。无论是传统《易筋经》，还是新编《易筋经》，都来源于我国古代人民的智慧。这个曾经神秘莫测的武林秘籍，将会在现代人的生命中呈现出更加神奇的魅力。

第十章
失落的天书

奇妙的志怪世界

2002 年 7 月，一夜大雨让吉林省吉林市内的许多地方都产生了积水，家住农民街的宋先生清晨起床洗漱时，被家门口趴着的奇怪生物，吓得丢掉了手中的脸盆。

宋家发现怪物的消息很快传遍了左邻右舍，大家纷纷前来观看。这是一个身似龟、嘴似鹰、背似恐龙的怪物，它的性格很凶，只要有人想要靠近，立刻张嘴示威。被它咬住的东西，它也不会轻易松口，现场更是谁都没法准确说出这个怪物的名称。

原长春光机学院宫玉海教授从事古文化研究，他在电视机中看到这个画面时，显得激动不已。他对这个怪物太熟悉了，就连对其的描述，也历历在目："怪水出焉，而东流注于宪翼之水。其中多玄龟，其状如龟而鸟首虺尾，其名曰旋龟；其音如判木，佩之不聋，可以为底。"这是《山海经·南山经》中关于神奇动物旋龟的一段记载，竟与吉林市的这个怪物不谋而合了。

《山海经》是我国先秦时代的古籍，它主要记述了古代神话、地理、动植物等方面的内容。它不仅从东南西北四个方向介绍了地理信息，还介绍了双头国、犬封国、妇人国等异国风俗习惯。最为奇特的是，《山海经》中所记载的异鸟怪兽，现在更是闻所未闻，见所未见。因此，《山海经》被长期认为是一部荒诞不经的神话书籍，可要是从历史、民俗、生物、地理等角度分析的话，《山海经》又存在着写实的内容，是一本地地道道的奇书。

《山海经》中所描述的旋龟，其壳上均匀分布着 36 个带棱的椎体，在水流湍急的情况下，这种形体可以让它蜷成一个圆筒状，对身体起到一定的缓冲和保护作用，这也是旋龟名称的由来。宫玉海认为，吉林市所发现的这一怪物，与旋龟的描绘十分相似，很可能是同一种生物，是未被人类发现的新物种。

清 山海经 旋龟和镯鸟

清 山海经 飞鼠和天马

但这个观点并未得到证实，宫玉海再次寻找这个怪物，想对它进行全面的检测和分析时，已经找不到它的行踪。那么，它究竟是未被人类发现的新物种，还是被化学和辐射等污染后基因变异的结果呢？在过去的时间里，地球上几乎每天都发生着物种的灭绝和新物种的发现，科学家们确信地球上一定存在着许多新物种，等待人们发现。而新物种在发现时，都是具备了一定数量的种群，但吉林发现的这个怪物，却没能找到第二只同类。

北京自然博物馆的两名古生物学家，借助网络流传的照片，对吉林发现的这个不明生物，以及近些年出现的形似乌龟的神奇动物，进行了初步分析，认定这是来自美洲的鳄龟。

这一研究结果充分证明，《山海经》中所记载的动物，虽已在中国绝迹，但很可能在世界范围内曾经存在过，或者依然存在。例如，"其状如马而白首，其文如虎而赤尾"的鹿蜀，是起源于非洲的斑马；"其状如兔而鼠首，以其背飞"的飞鼠，是在亚洲、美洲、欧洲皆可见到的鼯鼠；"其状如牛，苍黑，一角"的兕，则是现在所说的犀牛。但同时，《山海经》中所记载的大量怪兽，如同几种动物的合体或者人与兽的嫁接，我们至今没能找到它们存在的证据。

化石，是考古研究的重要依据。曾经存在过的动物，本身可能会留下化石，生活过的痕迹也会留下遗迹化石。如今，考古技术越来越发达，很多古生物化石都大白于天下，我们却并没有找到《山海经》中所记载的怪兽痕迹。但正如考古专家所说，化石的形成与发现必须满足极为苛刻的条件，数据显示，我们现在大概只发现了万分之一的生物化石，绝大部分生物化石，仍旧无法进入我们的视野。

在我们赖以生存的地球上，累计有十亿种生物曾经出现过，而被人类所认识的物种大概只有二百万种，因此，我们无法肯定或者证明《山海经》中描述的奇珍异兽是否真实存在。而我国社会科学院文学研究所的叶书宪则认为，《山海经》中描述的异兽存在着远古先民社会心理上的一种折射与反馈，先民用神话似的想象和推理，把一些当时科学水平无法解释的事情，进行了夸张描述，并非按照现实逻辑来编写，所以，我们很难对照《山海经》找到其相应的物种。

《山海经》自古便笼罩在神秘的氛围中，混沌初开的远古先民，为我们创造了一个光怪陆离、深邃莫测的神奇世界。相信随着科学技术的不断进步和考古水平的不断提高，我们一定能够在对自然界的不懈探索中，更加深刻认识和了解到《山海经》中的奥秘，在现实与虚幻之间，一窥究竟。

失落的远古文明

任楠是我国著名的红山文化古玉收藏家，也是现任中国收藏协会玉器委员会副秘书长。他经常与北京石刻艺术博物馆的刘卫东一起研究古玉，并在奇特的玉石中流连忘返。这些在普通人看来奇形怪状的石头，在他们眼里却蕴藏着大量的远古信息，具有极高的研究价值。

有一次，任楠和刘卫东在对一块古玉进行电子扫描检测时，竟在其中看到了一些类似于微生物的东西，这个东西呈现为串珠形，像是用丝网连接了球状的珠粒，并且它若隐若现，还会移动和变形。这一发现，让两位研究人员显得有些手足无措，而很快，他们便从《山海经》中找到相似的怪物描述，就连远古文明时期的地理位置和风土产物也与其有着惊人的相似。

红山文化起始于五六千年前的新石器时代，其发源于我国东北地区的西南部，这个远古部落多在燕山以北的大凌河和西辽河上游流域活动。在红山文化的遗址中，研究人员发现了与《山海经》中描述相似的物种、地形和器物。例如，《山海经》中曾写到在额头上方拥有一只眼睛的人，而红山古玉的人造像中，也出现过头颅上有圆孔的人物造型，还有一些带翅膀的造型，也在《山海经》中有过描述。

值得一提的是，任楠在研究中发现，红山时期的很多玉器造型，与当时的生产技术并不相符。无独有偶，1997 年，在安徽省凌家滩出土的大量精美玉器中，也有很多加工工艺，是我们现在很难做到的。这些玉器中，最小的

新石器时期红山文化玉龙

新石器时期红山文化玉龙是一件圆雕作品，玉龙以切、磨、碾、轧为主要工艺，形状准确，形象生动，在设计上有成熟的构思和画线。

新石器时期红山文化牛首玉人

牛首玉人是红山时代巫的形象，是巫在作法时不同状态下的表现。

孔径可以达到 0.017 毫米，甚至比头发丝还要细，很难想象 5300 年前的先民，是如何在和田玉质的材料上完成了这一工艺。

而在河南省舞阳县贾湖遗址出土的乐器，再次说明了远古时期的文明水平，在这里出土的七音阶鹤骨笛，距今已有八千年的历史。它的制作工艺十分复杂，同时也充分说明当时的贾湖人已经对音阶之间的差别有了一定的了解。但是，目前我们公认出现最早的五声调式名称，是在 2600 多年前的春秋战国时期，那么中间的这段时间，又发生了些什么事情呢？一部分人不禁开始怀疑，或许在我们这一代文明的初期，是捡拾了远古时代遗留下来的文明，而我们至今也无法证实，八千年或者上万年以前的世界，到底是什么样子的。

我国东晋时期的诗人陶渊明曾在《读〈山海经〉·其一》中写道："泛览周王传，流观山海图。"从诗歌对仗的形式上来说，陶渊明很可能确实看过《山海图》，后来在流传过程中，图画已经遗失，只留下了如今的《山海经》。为了感受那幅失落的"山海图"，学者王红旗与夫人孙晓琴根据《山海经·五藏山经》中的文字记载，先后创作出 612 幅彩色插图，数十幅地理方位复原图和远古部落景观图，并完成了

42平方米的巨画——《帝禹山河图》，具有极高的艺术价值和研究价值。

《五藏山经》包含着《南山经》《北山经》《东山经》《中山经》《西山经》这五个部分，占据了《山海经》中三分之二，其中记述的山脉、矿物、动植物、人文活动等丰富内容，被认为是《山海经》中最具有地理价值的部分。很多人认为，是2200多年前的部落首领禹主持了这次历史最早、规模最大的自然地理和人文地理考察活动，是中国先民实施的重大地理发现，汇编而成的《五藏山经》也流传至今。然而，令学者们感到疑惑的是，书中记载了一个下窄上宽、浑似巨大悬空平台的昆仑圣地，这在中国却没有任何一个合适的对应位置，反而更像是人为建构出来的虚拟想象内容，这也反映出当时人民所能达到的地理认识水平仍旧是有限的。

《五藏山经》中，以横纵山脉为坐标，中间位置是一块大陆，四周分别被东海、南海、渤海、西海、北海所围绕。一些人认为，这个大陆中心说是古代帝王为了显示中华尊贵的中心位置而编造的观念，但事实上这个观点可能有失偏颇。

1912年，德国科学家魏格纳根据大陆海岸线弯曲形状的某种相似性，提出了大陆漂移的假说，而后经过数十年的研究，证明大陆确实是在进行漂移的。研究人员

宋代 马麟 禹王立像

图绘夏禹手持如意笏，头戴王冠，身披龙袍，端庄地立于画面的正中。生动地刻画了夏禹慈祥和蔼的形象和内在性格。

根据地质、古气候和古生物地理等多方面的研究，认为地球上的大陆确实曾经汇聚在一起，这与《山海经》中所描述的地形非常相似。而美国一个叫作莫兹的博士，对《山海经》也进行了一定研究。他根据《东山经》，试着在北美进行考察。令人感到惊奇的是，美国中部和西部的四条山脉，竟与书中所记载的四条山系走向、河流走向、动植物、山间距离等内容，完全吻合了，再次印证了《山海经》的神奇之处。

人们曾根据《山海经》中所记载中华腹地和海外异域的地理信息，大胆推测，上古时期可能存在着一个比现代文明程度更高的社会，那么他们是如何详尽考察了这些地貌，又为何会写下那些神话传说呢？如今，我们对《山海经》的身世仍旧知之甚少，许多答案仍等待着我们的深入研究与发掘。

汇编的上古奇书

几千年来，人们从未停止对《山海经》中所记载内容的破解和研究。事实证明，其中许多看似离奇的内容，并非完全是杜撰的，越来越多的考古发现和研究表明，我们现在所处的地球，与《山海经》中那个充满神秘的世界，确实存在千丝万缕的联系。

西汉时期的著名史学家司马迁曾在《史记·大宛传》中写道："至《禹本纪》《山海经》所有怪物，余不敢言之也。"这是最早对《山海经》进行介绍的记载，说明在二千多年前，《山海经》已经存在，而司马迁没有介绍和标注该书的作者，大概是当时也无法确定它的作者究竟是谁。

西汉刘秀所著的《上山海经表》中，首次明确指出《山海经》的作者是上古时期的大禹和伯益。后世的《吴越春秋》中，则记载大禹在巡查山川和湖泽时，召山神询问山川、矿脉、鸟兽、昆虫、民族、文化等情况，让伯益记载下来，命名为《山海经》。而东汉时期的王充和赵晔则认为是伯益所著的。《山海经》在流传过程中，产生了增删和修改。清朝时的毕沅在总结前人研究成果的基础上，提出《五藏山经》由大禹、伯益所作，《海外四经》《海内五经》为秦人所作，《大荒经》则是在刘秀修订时产生的。二十世纪以后，又有学者提出《山海经》是战国时期的邹衍所作，还有一部分学者认为是墨子的弟子随巢子所作。

现代作家茅盾认为，《五藏山经》大概是在战国初年到汉代初年之间，由楚、巴蜀、东及齐等地方的人所著，到西汉校书时，才合编到了一起。而当代研究学者王红旗则认为，《山海经》由四部分组成，这四部分是在不同时期分别完成的。他的主要依据是，《五藏山经》中没有记述帝禹时代之后的内容，《海外四经》没有记述夏朝之后的内容，《大荒四经》没有记述商代以后的内容，《海内五经》则包含着许多来自口头的传说故事，表现出追溯历史的浓厚兴趣和倾向。

《山海经》是一部文字成熟之后的作品，很多学者认为，在夏朝时，其中的一部分内容已经形成。夏、商、周是我国古代的奴隶社会时期，也是神权统治的时代，当时很多贵族自称为三皇五帝的后裔，而商朝的这些贵族手中，可能也确实掌握着一些关于神族文化的神秘典籍。到了周朝统治时，原本商朝的贵族沦为奴隶，他们认为神明不再庇护着他们，许

新石器时期红山文化牛首玉人

此玉人人首尖下颏，蛋形面，头上戴一动物首形冠，冠上两圆凸，似为动物眼睛，另有两个长弯角，造型别致独特。

宋　赵伯驹　禹王治水图卷

画卷为青绿描金，其主题内容为大禹采用凿岭开山、决江济川，疏导方式治理水患的故事。

多珍贵典籍因此流落民间，并且不再受到保护与重视。到了西汉时期，文学家刘向和其子刘秀见到了这些典籍，他们父子俩校对勘正，整理出了最早的《山海经》版本，并被世人所知悉。

《山海经》的具体作者和写作年代至今无法确定，它的成书大概经历了一千年以上的漫长过程。《山海经》中既包含着我们完全陌生的地形和生物，又存在着我们熟悉的内容，这让《山海经》更加神秘莫测。汉朝至唐朝的时候，《山海经》内容被认为是全部真实存在的，在明朝至清朝时则逐渐被看成是虚构的作品，乾隆时期编纂的《四库全书》直接将它归到小说的范畴，而现在，很多人认为《山海经》是神话，不同研究方向的学者将它视为涉及各个学科的综合体，分析归纳出了众多成果。

《山海经》中所使用的文字，到今天已经变得极为生僻，当初所记载的自然、社会环境，也在历史的变迁中发生了很大的变化，我们在阅读时，很难设身处地地理解那个时代的现象和理念。古代是没有神话概念的，先民都存在着一些信仰，所以神化的对象，跟现实不会完全一样，他们会通过嫁接、想象等方式，让信仰中的神明区别于现实生活，这就导致《山海经》从自然科学的考证角度分析，是存在幻想的，而从先民的信仰角度看，又是非常真实的。

现在世界各国的部分科学家们，对远古时期的地球存在着两种猜想，一种认为在我们这个文明之前，曾经存在过更为高级的史前超文明；另一种则认为可能有多个外星种族，曾经到地球传授过知识，或与地球人混血，对地球上不同种族产生了不同的影响，促进了地球人的文明和进化。城市、青铜器和文字是证明文明存在的三个标准，商代以前没有文字出现，青铜器也并不普及，很难确定之前地球上的文明程度。而时至今日，仍旧没有人能够拿出足够的证据，证明外星人和史前超文明说法的真实性，甚至所拿出的一些证据本身就是虚构的。

不否认的是，上古时期一定存在着文化传统，这一部分也在《山海经》中有所体现。以目前的科技手段，我们无法确定《山海经》中所描述的神奇世界，是真实存在还是古人的幻想，但《山海经》作者能够运用当时人类仅有的知识和信仰，把难以理解的事物描述成为人类认知范围内的形象，已经深刻展现出先民强大的智慧能力与创造能力。

迷幻的怪力乱神

在我国湖南省道县的田广洞村中，有一个不高的小山包，这个山包依靠在陈家山旁边，岭上高大的松树密布，为这个山林平添了几分阴森的感觉。北京石刻博物馆的刘卫东已经是第二次来到这里，他认为这里可能存在着一些《山海经》中所记载的远古时期遗迹。

田广洞村的村民将这里视为禁地，决不允许家中的小孩子到这里玩耍。据说，只有家中或村中遭遇灾祸或者战乱时，村里人才会来此祭奠，以祈求这里的神明帮助他们渡过劫难。刘卫东通过走访发现，形态、装束各异的石像遍布于此，它们大多为40—80厘米高，有一些石像五官身形清晰可辨，有的已经非常模糊。这些被当地人们称为"鬼崽崽"，这座小山包则被称为"鬼崽岭"。

据当地文物部门介绍，2008年的雪灾压倒了这里的一棵桂花树，人们本想将树根下面的土壤挖开重新栽种，结果刚挖了半米深，就看到了20多尊石像。工作人员尝试对这里进行挖掘，挖到两米深时，已经可以看到里面摆满的几层石人。根据推测，这座小山上的石像数量十分惊人，能达到上万尊，年代更是跨越了几千年，而下面还有许多未经发掘的内容。

在鬼崽岭的旁边，住着一位看守石像的老人，他是村民公认的巫师，据说具有通灵的能力，需要将半夜出行的石人，从很远的地方捡拾回来，因此，很多当地人都认为，这些石人自古以来便栖居在鬼崽岭。而刘卫东则认为，这些石像很可能与《山海经》中所记载的时代相同，他选取了现在挖掘到的几个早期石像与一些深层土样送往北京地质博物馆进行鉴定，他则留在田广洞村中继续走访调查。

新石器时期红山文化丫形玉器

丫形玉器比较有特色。其形状上部有分开的双耳，双耳大且薄。表面雕琢有兽面纹，下部雕琢似柄，一般形制较长。

红山文化晚期鸟形玉佩

清亮温润的黄绿玉质，有明显的角羽，大圆眼、大扁嘴、双爪合抱于胸前。

田广洞村中的很多村民，都认为自己是秦始皇的后裔，并世代居住在这里，石像与他们的族系存在着一定的联系。但从服饰上来看，这里的很多石像，远早于秦朝时期。刘卫东根据《山海经》中的"嬴民，鸟足，为秦民之先祖"这句话进行推测，他们可能与书中所记载的"嬴民"一样，是舜的后代。而村里一位陈姓老人，刚好藏有一本祖传的家谱，记载了陈氏家族是大舜的后代。

同时，根据地质博物馆检测结果显示，石像的雕刻年代大概是3000—5000年前，远远早于秦始皇时代，而小山丘上的土壤大约为人工筛选的。那么，最早堆砌这些的先民，很可能是为了纪念大舜，而第二期堆砌石像时，礼乐制度已经明确，将其用于祭祀的可能性很大，到了第三期堆砌石像则存在一定的盲目性，属于跟随放置。在这样一座宁静的小山村中，我们竟然找到了几千年前祭祀中华祖先大舜的祭坛，这种穿越时空的奇妙缘分，似乎也将我们与那个上古世界，拉近了些距离。

现在普遍认为，中华文明的历史是从三皇五帝时开始的，《山海经》中多次出现领袖形象，大禹治水、女娲补天、后羿射日等典故传说，被记录其中，这些形象，都存在着似人又似神的共同点。黄帝既会推算天文历法，又会制造船舶，还精通医术，其手下的仓颉精通数学，造出了象形文字并制定了度量衡，其妻子嫘祖教人民养蚕，并总结出一套喂蚕、缫丝、织帛的经验，彻底改变了上古时代穿树叶兽皮的原始习惯。按道理讲，领袖和能臣与平民之间并不会存在着如此巨大的智慧差距，他们更像是从天而降的神明，教导着未开化的子民。

古代所记载的领袖人物，通常都具有超乎常人的通神能力。尧、舜、禹、汤这些君王代表，多存在着生理、心理、精神等方面的不同寻常之处，拥有神权的政治背景。当时的宗教和政治是密不可分的，如果存在着地理要求，也一定是为当时的政治、军事和经济服务，通过对远近山河描述和归纳，来达到掌控地理空间的巫术目的，因此，我们也将当时的地理称为神话政治地理。除了《山海经》之外，《尚书》《易经》《淮南子》等古籍中，也记载着一些怪力乱神的现象，书中存在着一些内容是我们现代人所难以理解的，但它们仍是我们研究过去政治、地理、历史的重要依据。

长久以来，《山海经》中所描述的世界，一直让我们浮想联翩，随着研究的深入，谜题也越来越多。众多研究者对《山海经》提出了种种假设，但能够证明这些假设的证据并不充足，在学术界仍旧存在诸多争论。

第十一章
穴影迷踪

悬崖上的神奇居所

东门营村位于北京延庆的西北部，处在与河北省交界的山脚下，这个村子看似平凡普通，但却在过去的一段时间内，成为流传民间的神秘传说之处。

在半个多世纪以前，一旦遇上战乱或者匪患，东门营村的人就会在转眼之间消失得无影无踪，直到风平浪静时再安然返回，而对于这个神秘的去处，全村人却一直守口如瓶，从不向外界透露。直到 1984 年全国文物第二次大普查，以程金龙为主的调查小组来到东门营村进行文物调查时，才有一名老人说出在村庄后面有一群人为开凿的山洞。程金龙在老人的带领下，大约走了一公里，经过山口后，抬头看见了山崖上排列的四五层洞口。它的规模非常之大，这对调查人员来说，确实非常震撼。

在海拔八百多米的悬崖峭壁上，修造如此多排列有序的洞窟是极度令人难以置信的。而更令人瞠目结舌的是，这些洞窟内还有炉灶、火炕和烟道，有一些甚至还有马槽。这与佛教的石窟完全不同，更像是建在悬崖上的居所，程金龙此前从来没有听说过。东门营村的村民否认了这是他们祖先的杰作，而崖居中也找不到任何建造主人的遗留物。一时间，关于崖居的猜测众说纷纭，一直都没有确切的结论。

2006 年 3 月，中央电视台摄制组来到这里，并展开了一系列的调查。在村委会中，村干部拿出了一部村史，东门营村的历史最早可以追溯到明代，最初的八户人家被称为"老八户"。村子东边的郭家，就是"老八户"之一，郭大爷还是如今村里有名的文化人。但在摄制组的询问过程中，郭大爷表示他只是知道古崖居，并不知道是何人建造的，郭家祖祖辈辈已经在这里住了五六百年的时间，而古崖居的存在时间则更早。

摄制组陆续走访了东门营村的几位老人，关于古崖居的故事他们大多都是听上一辈人讲述的，并没有亲身经历。其中有一个说法，引起了摄制组的注意，据说古崖居中有一间崖洞，以前是清水县的县政府，里面有一个小衙门，衙门里有石头和站岗的哨兵，其他洞穴则是老百姓的住处。甚至有一位老人还表示，他年少在那里玩耍时，曾在最大的洞中见过清水县的石碑或牌匾，而那里大概就是当时清水县的"官堂子"，即官府开会或者审讯犯人的地方。

如果能够在古崖居找到文字证据，那么专家就可以推断出它所属的年代，继而解开古崖居神秘的面纱。在老人的带领下，摄制组再一次来到崖居探查。崖居中最大的洞窟庄重威严，似乎确实可以作为县衙的场地，但无论是石碑还是牌匾，摄制组都没找到。这次探查时，北京石刻艺术博物馆的刘卫东先生也一同前往了，他详细询问了老人所见石碑的样式。刘卫东表明，老人口中一米多高、六十厘米左右宽的圆头石碑，在北京地区确实存在过，一般是明代或清代所使用的界碑。但由于未能看见原物，仍旧无法判断出衙门的准确年代。

为了继续寻找古崖居背后的故事，摄制组专程赶到了北京市的地方志编委会，试图从《延庆县志》中找到关于清水县的记载。编委会研究室主任谭烈飞接待了他们。谭烈飞表示，在康熙时的《延庆州志》和光绪时的《延庆州志》中，都没有发现关于清水县的记载。而《延庆州志》对当时建制沿革的记述都是较为翔实的，应该不会出现漏记一个县建制的情况。在我国，确实存在着一个清水县，但远在甘肃省，北京门头沟区的清水镇跟延庆的崖居也没有任何关系。这不禁让人产生怀疑，东门营村老人所说的清水县衙或清水县是不是记错了，它或许并未在历史上真实存在。可如今，古崖居"官堂子"的高处正中，仍旧依稀可以看到县衙的一些痕迹，对此，研究人员也无法给出明确的解释。

现在，我们可以肯定的是，位于东门营村的崖居工程，绝对不是近一百年所产生的，它可能比东门营村历史更为久远，而所谓的清水县衙，也可能在明朝之前确实存在过。古崖居作为迄今为止我国发现的最大崖居遗址之一，它的历史大概比我们想象的要遥远许多。

扑朔迷离的崖居主人

　　研究人员对于古崖居的探索从未停止，北京大学建筑学研究中心从事人类居住形态研究的王昀，就曾经带着学生来这里考察。他相信，在居住的构造中，一定隐藏着房屋主人留下的重要信息。

　　根据以往的研究经验，居室的大小、高矮等因素一定与住在里面的人密切相关，古崖居中所剩的东西并不多，其中堪称完美的火炕引起了研究人员的注意。虽然古崖居中的炕板已经不见踪影，但从其曲折回转的烟道上，仍旧可以看出当年熟练的盘炕技巧。火炕，是我国北方冬天取暖的重要设施，如今在北方农村也很常见，据此推测，古崖居的居民一定是北方人。

　　对此，刘卫东判断，大概是在古代曾经使用过火炕的北方少数民族迁居于此，才会留下古崖居这样的遗迹。刘老师介绍说，一千多年前的唐末五代时期，曾有一个叫作奚的东北少数民族从内蒙古饶水地区，迁移到当时的妫州，也就是现在的延庆一带，一些学者推断奚族应该是会使用火炕的，古崖居很可能与他们有关。

　　在辽史和五代史中，我们确实可以找到奚族南迁的记载。唐代时，奚族是北方大族，唐末时期，契丹崛起，奚族面临着困境，因此在首领去诸的率领下，南迁到达妫州地区。但他们为什么不住在山区和平原，偏偏要开凿崖洞居住其内？学者猜测，可能是当时统管北京的刘仁恭、刘守光父子荒淫残暴，而契丹族又穷追不舍，因此奚族也许只能在夹缝中生存，在悬崖峭壁上建立自己易守难攻的栖身之所。《新五代史》中存在相关记载，书中说奚族首领去诸经常到北山上采集麝香、人参等草药，贿赂刘守光以求自保，还会把粮食藏在洞窟中，不让外人知道，这些好像确实与古崖居的隐秘险要有一定的关系。

　　有证据表明，如今我们所看到的古崖居，并非历史原貌，而是一面山壁坍塌后，露出了藏在其中的洞窟，这与我们现在的防空洞或者避难洞有些类似。古崖居主要分布在前山和后山上，前山洞窟虽多，但火炕较少，不仅可以将山下平川尽收眼底，还能够居高临下扼守山门，具备一定的防卫作用。而后山崖居排列紧密，生活设施完备，山下的一线天可直达深山，有敌来犯即可立即躲避，是明显的生活区。这种防守布局十分符合奚族当时的处境，他们在南北势力的夹击之下，建造出了设施齐全的新天地，或许他们正是古崖居曾经的主人。

然而，一些学者并不认同这种观念。史料中曾记载，去诸率领十万人到妫州，那么古崖居中三百多的洞窟根本不够住。而且，奚族是游牧民族，应该常住帐篷，并不一定会在洞中建造火炕。这种观点反而让认为是奚族建造古崖居的学者，更加坚信了自己的想法，因为这些崖洞洞顶，是违背力学原理的平形，其建造者一定缺乏实际的凿洞经验，奚族恰恰也是这样。至于数量问题，则是因为奚族在妫州只坚持了三十年，很可能崖居还没来得及打造完成，他们就在契丹族的强攻之下，彻底消失在历史的长河里。

遗憾的是，奚族建造古崖居的推断看似无懈可击，可实际上，却仍旧缺少铁证，学者无法排除古崖居由其他人建造的可能。就在对古崖居主人的调查即将无疾而终之时，一张旧报纸重新吸引了研究人员的注意。原来在古崖居公之于众后不久，在几公里外的山脚下发现了500多座山戎墓葬。人类的居住地和墓地通常不会距离太远，难道古崖居的主人是这个墓葬中的山戎人吗？

山戎族，是我国春秋战国时期北方的少数民族，在延庆一带曾经生活过三百年。在山戎墓地出土的数万件青铜器具，表明他们当时的冶炼技术已经很发达，或许可以用青铜器开凿出古崖居。但很多学者认为，青铜器硬度不够，山戎族又没有掌握铁器，无法开凿出这些崖洞。为了弄清这件事，研究人员特地选择了一块与古崖居材质相同的巨石，请来了两名石匠进行开凿实验。令人惊奇的是，开工几天后，石匠便对研究人员说洞窟只差窗户即可完工，其中坐两人没有任何问题。

按照每天八小时工作制，两名石匠仅用了五天的时间就将洞窟开凿完毕，比预计工时减少了一半。经过观察发现，这块巨石虽然是花岗岩，却是一种名为沙砾花岗岩的岩体，其质地较为疏松，边凿边脱落，要比想象的容易很多，这也是古崖居风化严重的原因。我们按照铁器和青铜器的硬度差异进行换算，可以推算出两个人二十天即可以完成一个崖洞的开凿工作，而古崖居只有三百多个洞窟，如果一百个人同时开凿的话，完全可以在一年左右完成建造。山戎族在延庆一带生活了三百多年，人口众多，开凿古崖居并非没有可能。

在首都博物馆中，我们可以看到山戎墓地中出土的部分青铜器，从事青铜器研究的冯好博士解答了我们的部分疑问。他认为，像古崖居这种崖洞也许不是一个时期集中做完的，而是经过了一代又一代居民逐渐发展起来的。据博士所说，青铜器确实有可能开凿质地疏松的沙砾花岗岩，但这对青铜器的磨损也会非常大，青铜在当时是比较贵重的金属，用它来开凿存在一定的浪费情况。

同时，古崖居的崖壁上存在明显的凿痕，如果是铜钎所留下的，那在山戎墓葬或古崖居范围内，一定会遗留很多残损工具。可事实上，这两处至今没有出土过一件铜钎。此外学者还发现，山戎墓葬中寿命最长的男性，也没

山戎蛙面人身雕像

山戎蛙面人身雕像具有鲜明的土著民族特色，是山戎人的文化图腾。

山戎文化青铜匜

山戎部族的文化遗存，做工精美，造型别致。

有超过五十岁，说明当时山戎族的生活条件艰辛，基本上没有实力建造这样
大的工程。

如此一来，关于古崖居主人的线索再次中断，研究人员几乎调查了关于
古崖居主人的所有推测，但仍旧难有定论。考古调查的魅力也许正是在这不
断质疑，而又锲而不舍的过程中，如今，我们至少能够证明古崖居并非当年
的形象工程，它的建造者也因为这份神秘而显得更加值得尊敬。

远未终止的溯源之旅

在调查了几乎所有关于古崖居主人的推测，却还是难有定论后，调查组
决定另辟蹊径，寻求一些新的突破。2006 年 3 月 9 日，古建筑学者杨鸿勋加
入调查队伍，他将与调查组一起去实探关于古崖居的另一种推测。

在 1400 年前，北魏郦道元在《水经注》提到"故关候台"。有人认为，
这里的"故关"指的是北魏以前的汉代关城，而"候台"则指驻军的营房，
也就是说，古崖居是汉代为驻守要塞的将士们修建的兵营。

对于这一推测，杨鸿勋先生表示同意，但要证实它，还要找到相关遗迹
才行。然而，古崖居在海陀山附近，分布得很散乱，如果没有确切线索，查
找起来无异于大海捞针。对此，杨先生想到用高分辨率的卫星地图来排查，
不过略为遗憾的是，他们找到的卫星地图对海陀山附近的地形地貌标记得很
清晰，但偏偏没有古崖居。

正当调查陷入僵局时，有人拿来一本刊登着古崖居照片的杂志，杨先生
一眼便发现了古崖居山顶的奇特之处。他指着古崖居山顶那处模糊的亮斑，
断言这里很可能是一处人工遗迹。

杨先生兴奋地要求马上展开实地调查，其他人也期待着这次走访能够揭
开古崖居的神秘面纱。上山途中，调查组遇到一位老人，在短暂沟通后，老
人居然说自己在山上看到过类似石墙的东西。随后，调查组跟着老人继续上

古崖居实景

山，刚爬到半山腰，便看到了老人所说的石墙。

海陀山上的岩体都是大石头，很少有碎裂的小石块，但在山腰上放眼望去，可以清晰地看到在山梁上、分水岭上有许多碎石垒砌的石墙，很像是由人工堆砌而成的。此前的几次探查，大家都将注意力集中在古崖居的洞窟上，很少有人会仔细观察洞窟周边的环境，这次调查组将关注点放在古崖居周边的环境上，希望有一些不同的发现。

来不及仔细观察石墙，调查组继续朝着山顶前进。来到古崖居山顶后，调查组发现了一个特别像古代石墙的遗迹。一番仔细观察后，杨先生认为这些散落在山顶的石块，就是烽火台的建筑构件挡土墙的底盘，不过，由于这些散落的石块并不多，所以还不足以说明它们和人工建筑有关。

杨先生话音刚落，与调查组一同上山的老人便接过话来，他说以前这山上这样的石块很多，他小时候上山砍柴时经常与其他小孩一起将这些石块扔下山坡。若真如这位老人所说，山顶曾有许多这样散落的石块，那便可以确定这里确实存在过人工建筑。不过，想要证明这些石块是汉代建筑材料，是烽火台遗迹，单靠这一发现显然是不够的。

为了弄清楚《水经注》中描述石室的具体位置，调查组采访了历史地理学者尹钧科先生。按照尹先生的说法，在军都山中间有一个南北向的通道，而在居庸关的东面有一个石台，有石室三层，这就是《水经注》中所说的"石台三层"。而古崖居在居庸关外延庆的西北方，所以它并不可能是郦道元所说的"故关候台"，真正的候台石室应该在八达岭以南的关沟之中。

在听说了尹先生的说法后，杨先生认为这两种判断并不矛盾，因为边关和候台不止一处，而古崖居又离汉代长城很近，只要那里存在汉代烽火台遗迹，那古崖居便可能跟郦道元所说的"石室"一样，都是驻军的营房。

杨先生的说法并没什么问题，但如果真是如此，那海陀山周围的八处古崖居附近，就都应该存在长城关城或烽火台遗迹。只有这样，才能确定地说古崖居就是古代驻军的营房。

为此，调查组跟随程金龙一起前往相邻的五道壶古崖居继续探查。这一古崖居在规模上仅次于延庆古崖居，两者相距只有一公里，但这里的路况却要更复杂、更难走。从古崖居的建筑样式和基础设施来看，这处古崖居与延庆古崖居如出一辙，都出自同一先民之手。

调查组从狭窄的洞口进入古崖居内部，发现洞内的空间很大，洞内的大炕上至少能住十几个人。现在再来审视这里，与其说它像家，倒不如说像一个集体宿舍，用作候台藏兵也是很合适的。

单从这一点依然无法证实杨先生的推断，只能寄希望于在山顶上可以发现古代长城的遗迹。不过遗憾的是，在爬到山顶后，调查组什么也没找到，这里没有任何人工的痕迹，古崖居的建造者和具体功用依然扑朔迷离。

当调查组正沮丧时，北大文博实验室传来了好消息，防止古崖居风化的化学保护剂终于顺利通过试验，在获得批准后便可以投入使用了！

这个消息多少可以令人聊以自慰了，尽管古崖居的建造者仍然迷影重重，只要它能完好无缺，这项古代建筑大奖早晚会物归其主。调查组的调查前后跨越两千多年，涉及六个朝代、四个民族，虽然还不能为古崖居描绘出一幅完整的源流图，但调查组相信最终的结果已经不远了。

图书在版编目（CIP）数据

考古中国：文化遗产 / 翟东强，谢九如著. —北京：中国工人出版社，2023.8
ISBN 978-7-5008-8252-7

Ⅰ.①考… Ⅱ.①翟…②谢… Ⅲ.①考古发现–中国②文化遗产–中国 Ⅳ.①K87②K203

中国国家版本馆CIP数据核字（2023）第166070号

考古中国：文化遗产

出 版 人	董　宽	
责任编辑	葛忠雨	
责任校对	张　彦	
责任印制	黄　丽	
出版发行	中国工人出版社	
地　　址	北京市东城区鼓楼外大街45号　邮编：100120	
网　　址	http://www.wp-china.com	
电　　话	（010）62005043（总编室）　62005039（印制管理中心）	
	（010）62379038（社科文艺分社）	
发行热线	（010）82029051　62383056	
经　　销	各地书店	
印　　刷	三河市万龙印装有限公司	
开　　本	710毫米×1000毫米　1/16	
印　　张	12.5	
字　　数	166千字	
版　　次	2023年10月第1版　2023年10月第1次印刷	
定　　价	68.00元	